Ulla Göransson · Annika Helander · Mai Parada

På svenska!
1

A1 & A2
ÖVNINGSBOK

Folkuniversitetets förlag

Folkuniversitetets förlag
Box 2116
SE-220 02 Lund Sweden
Tel. +46 46 14 87 20
info@folkuniversitetetsforlag.se
www.folkuniversitetetsforlag.se

Illustrationer:
Per Silfverhjelm
Marie Söderman, s. 7

Omslag: John Wasden
Omslagsillustration: Daniel Perry

Tredje upplagan, första tryckningen 2019
© 1998 Ulla Göransson, Annika Helander, Mai Parada
och Folkuniversitetets förlag
ISBN 978-91-7434-751-7

Tryckt hos Bulls Graphics 2019

Förord

På svenska! 1 är ett nybörjarmaterial i svenska som främmande språk. Det vänder sig till studerande som snabbt vill nå tillräckliga kunskaper för att klara ett vardagligt samtal. Kunskaperna motsvarar nivå A1 och A2 enligt Europarådets nivåskala. Läromedlet är lämpligt att använda både i klassrumsundervisning och vid självstudier.

På svenska! 1 består av:
· lärobok inkl. cd med mp3-filer samt texter till hörövningar (pdf)
· övningsbok med facit
· studiebok på olika språk
· webbövningar

På svenska! 1 ger en praktisk genväg till kunskaper i svenska genom korta dialoger och helfrasinlärning på ett aktuellt och användbart språk. Grammatiken vävs in på ett naturligt sätt. Hörövningar finns i varje avsnitt. Par- eller gruppövningar återkommer kontinuerligt.

Användbara fraser för vanliga vardagssituationer presenteras på särskilda "frassidor" genom hela boken. Ordförrådet i *På svenska! 1* omfattar cirka 2 500 ord.

Läroboken innehåller korta dialoger och andra texter, bildsidor, "frassidor", övningar till texterna samt hörövningar. I lärobokens 12 avsnitt får vi följa några svenskar i deras vardag. Det ges även glimtar från olika delar av Sverige, t.ex. Västkusten, Lappland, Stockholm.

I läroboken ingår cd i mp3-format med inspelningar av
– texter, fraser och hörövningar i läroboken
– delar av uttalsavsnittet inklusive uttalsmarkerade texter i studieboken.

Studieboken, som finns på flera språk, har tre avsnitt:
– uttal som innehåller grunderna för svenskt uttal samt uttalsmarkerade texter
– grammatik med förklaringar till de grammatiska moment som behandlas i läroboken
– ordlista med alfabetisk ordlista och fraslista.

Övningsboken innehåller skriftliga och muntliga övningar som främst tränar ordförrådet och utvecklar och befäster grammatikkunskaperna.

Kunskaperna testas i stimulerande övningar av typ frågesport och korsord. Man kan även kontrollera sina kunskaper med hjälp av den checklista som finns i slutet på varje nivå.

Webbövningar av olika slag finns för den som vill träna mera på något moment.

Vi vill tacka alla dem som på olika sätt bidragit med goda råd och synpunkter under arbetet med boken.

Lycka till i arbetet med boken!

Författarna

Innehåll

Avsnitt 6

| Jag kan tala om vad jag vill ha i affärer. |

Avsnitt 7

| Jag kan prata om vädret och berätta om min fritid och mina intressen. |

Avsnitt 8

| Jag kan uttrycka mina åsikter i en enkel diskussion och fylla i ett enkelt formulär. |

Avsnitt 9

| Jag kan be om hjälp och skriva ett vykort eller brev. |

Avsnitt 10

Jag kan berätta hur jag mår. Jag kan förstå en annons och skriva en kort ansökan om arbete.

Avsnitt 11

Jag kan bjuda hem någon och besvara en inbjudan. Jag kan berätta om mina fritidsaktiviteter och jämföra med andra.

Avsnitt 12

Jag kan småprata och vet lite om svenska traditioner.

Introduktion

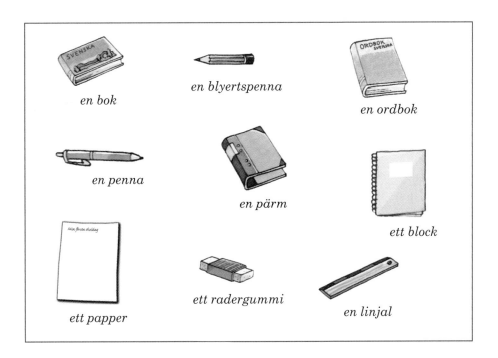

en bok

en blyertspenna

en ordbok

en penna

en pärm

ett block

ett papper

ett radergummi

en linjal

Översätt till ditt språk!

Slå upp sidan 12! _____

Titta på sidan 3! _____

Öppna boken! _____

Läs texten! _____

Stäng boken! _____

Skriv övningen! _____

Lyssna på texten! _____

Arbeta i par! _____

Fråga varandra! _____

Anteckna! _____

Skiljetecken

.	?	!	
Punkt	Frågetecken	Utropstecken	

,	:	;	—
Kommatecken	Kolon	Semikolon	Tankstreck

,, ,,	( )	-	
Citattecken	Parentes	Bindestreck	

Anteckningar

_____

_____

_____

_____

_____

_____

_____

_____

_____

_____

1:1 Svara på frågorna!

1. Vad heter du?

Jag _____

2. Var är du ifrån?

_____

3. Vad talar du för språk?

_____

4. Studerar eller arbetar du?

_____

5. Hur kommer du till arbetet/kursen?

_____

1:2 Skriv verben!

1. Hur kommer Sven och Erik till arbetet?

Sven _____ .

Erik _____ .

2. Hur kommer Katarina och Natalie till Sverige?

Katarina _____ .

Natalie _____ tåg.

3. Hur kommer Anna och Robert till kursen?

Anna _____ .

Robert _____ bil.

4. Hur kommer du till kursen?

Jag _____ .

1:3 Svara med *inte*!

Exempel: – Åker du bil till arbetet?
             – Nej, jag åker inte bil till arbetet.
             subjekt + verb + inte

1. – Förstår du?

    – Nej, jag _____

2. – Talar du svenska?

    – Nej, _____

3. – Talar han engelska?

    – Nej, _____

4. – Är du från Sverige?

    – Nej, _____

5. – Bor ni i Stockholm?

    – Nej, _____

1:4 När?

Sortera tidsuttrycken.

på onsdag   i augusti   i morgon   för tre dagar sedan   i söndags   om en månad
för ett år sedan   i lördags   om två år   på torsdag   i går

← ———— NU ———— →

_____   _____

_____   _____

_____   _____

_____   _____

_____   _____

1:5 Siffror
Skriv med bokstäver!

A. 8 _____   B. 78 _____

C. 13 _____   D. 124 _____

E. 14 _____   F. 269 _____

G. 18 _____   H. 438 _____

I. 27 _____   J. 45 _____

K. 2495 _____

§ 6a Personliga pronomen	
jag	vi
du	ni
han	de
hon	
den/det	

1:6 Skriv pronomen!

1. Vad heter du?

    _____ heter Daniel.

2. Var bor du och Jonas?

    _____ bor i Göteborg.

3. Vad talar Eva och Peter för språk?

    _____ talar engelska.

4. När går tåget?

    _____ går klockan tio.

5. Vad har bussen för nummer?

    _____ har nummer 7.

6. Varför är _____ i Sverige?

   Vi studerar.

7. Hur kommer Anna till kursen?

   _____ går.

8. Varifrån är Markus?

   _____ är från Tyskland.

1:7 Vilka är de? Skriv om personerna!

Förnamn: Pernilla   Språk: svenska, engelska, franska
Efternamn: Andersson   Adress: Norregatan 7, Umeå
Ålder: 24 år   Studier: medicin
Nationalitet: svensk   Studieort: Umeå universitet

Hon heter_____

_____

_____

_____

_____

Förnamn: Dieter   Språk: tyska, svenska, italienska
Efternamn: Schmidt   Adress: Oskars väg 14, Växjö
Ålder: 32 år   Arbete: ekonom
Nationalitet: tysk   Arbetsplats: Sparbanken

_____

_____

_____

_____

_____

Förnamn: Nastasia   Språk: ryska, svenska, engelska
Efternamn: Petrovna   Adress: Storgatan 18, Göteborg
Ålder: 28 år   Arbete: lärare
Nationalitet: rysk   Arbetsplats: Guldhedsskolan

_____

_____

_____

_____

_____

1:8 Skriv!

Skriv cirka 30 ord om dig själv. "Jag ..."

Vad heter du? Var bor du? Var är du ifrån?
Talar du svenska? Vad talar du för språk?
Hur kommer du till arbetet/skolan? Åker du buss till arbetet/skolan?
Vad har du för telefonnummer?
Hur gammal är du?

Verbformer § 1a, 1b

	imperativ = stam	infinitiv	presens	preteritum	perfekt
1.	tala!	tala	-r	-de	har -t
2 a	ring!	ring/a	-er	-de	har -t
2 b	åk!	åk/a	-er	-te	har -t
2 c	kör!	kör/a	kör	-de	har -t
3.	bo!	bo	-r	-dde	har -tt
4.	spring!	spring/a	-er	sprang	har sprungit

2:1 Vad gör de?

Skriv verbet i presens. Använd de här verben:

göra, köra, tala, studera, heta

1. Vi _____ inte kemi.

2. Jag _____ lite svenska.

3. Han _____ Daniel.

4. Vad _____ du i Umeå?

5. Alice _____ bil till arbetet.

titta, spela, sova, åka, lyssna

6. Maria _____ fotboll.

7. Rune _____ på radio.

8. Sven _____ på tv.

9. Anna _____ till Italien i morgon.

10. Daniel _____ till klockan 10.

bo, köpa, läsa, cykla, dricka

11. Lisa _____ till skolan.

12. Henrik _____ ekonomi.

13. De _____ juice.

14. Emilia _____ på Linerovägen i Lund.

15. Einar _____ en glass.

2:2 Vad gör de i parken?

Arbeta i par! Fråga varandra till exempel:

A. Vem dricker? Vem springer? etc.
B. Vad gör nummer 9? Vad gör nummer 17? etc.

pratar
skrattar
arbetar
tittar
spelar (t.ex. fotboll)
hälsar
lyssnar
ringer
köper (t.ex. glass)
leker
röker
läser
sover
skriver
säljer (t.ex. läsk)
äter
gråter
ligger
går
står
sitter
dricker
springer

2:3 När går bussen?
Skriv med bokstäver.

7.15   1. _____

9.30   2. _____

14.45   3. _____

19.15   4. _____

23.30   5. _____

1.45   6. _____

2:4 Arbeta i par!
Kombinera fraser från A, B och C till en dialog!

A	B	C
– Hej! Hur är det?	– Tjena! Fint. Du då?	– Bra tack.
– Tjänare! Hur är läget?	– Hejsan! Bara bra. Och du?	– Tack, det är bra.
– Hej, Bengt-Åke!	– Tack, bara bra. Och du själv då?	– Tack bra.
– God dag. Hur står det till?	– Nej, men hej. Hur har du det?	– Under kontroll.

1.   A   _____

      B   _____

      C   _____

2.   A   _____

      B   _____

      C   _____

3.   A   _____

      B   _____

      C   _____

4.   A   _____

     B   _____

     C   _____

2:5 Vad gjorde de?

Skriv verbet i preteritum.   **§ 1a, 1b**

Använd de här verben:

   spela, skratta, arbeta, lyssna, prata

1. Lisa _____ inte i somras.

2. Malin _____ på radio i morse.

3. Jonas _____ fotboll i söndags.

4. Vi _____ länge i telefon i går.

5. Hon _____ högt när hon tittade på tv i fredags.

   röka, köra, ringa, läsa, köpa

6. Daniel _____ till Åsa i går kväll.

7. Eva _____ inte för tre år sedan.

8. Erik _____ en ny bil i fjol.

9. Margit _____ en bra bok förra veckan.

10. Jag _____ bil till jobbet i går.

2:6 Vad gjorde de i parken i går?

Arbeta i par!
Titta på parkbilden på sidorna 16–17 igen.

Använd de här tidsuttrycken:
i går, i förra veckan, i fjol, i lördags, för tre dagar sedan.

Fråga varandra till exempel:
   A. Vem åt glass i parken …? Vem skrattade …? etc.
   B. Vad gjorde nummer 9 …? Vad gjorde nummer 17 …? etc.

2:7 Gömda ord: verb

Här finns massor av verb gömda, både vågrätt → och lodrätt ↓.
Hur många hittar du på 4 minuter?

```
V H L Ö A T O A D W M Ä W R H Ä L S A R P Z K B J
P Q Z D I I S K R I V E R Z A N S P T A O G F E K
R M P Y Ö T P Ö Q G G Z V D R N S V Z Q Å J K B A
A N L I T T G H S C Q Z I B B V S Z T G D U Ö L Ä
T K G Ä L A R H C Z F U Q R E P K O N F E B P N G
A S Å S I R Å R Ä Q O Q U D T H R A V S D N E Ä M
R D R S G Q T R P T E G Z F A R A G A D S K R O X
B Z Q W G U E Ö U S A R Q E R Ä T E R Ä O W O J L
P O H O E P R K F P C Ö C S I T T E R Å V Å F C Ä
H T O U R K X E S E Å Å J O G X A X R E E A T M S
R I A C A V S R Å L K Å F Ö K X R H G F R Y W Z E
L O Ä V Q W V O U A X S T Å R N A E D L P Q W R R
R D O A W B Ö G P R N D A L Y S S N A R F N J I J
R K C Q J S O O K I P Ä L E K E R Ä U Z F F D N W
R F K L F D S Ä L J E R F I S P R I N G E R Q G X
C R B B F N N E Å H Å X B H K C Å Ö O Z P X T E H
N R Z P Ö P A K X U Z Å N C Z D R I C K E R L R Q
```

2:8 Skriv!

Skriv en uppsats. Använd dina anteckningar från sidan 26 i läroboken.
Uppsatsen heter "En dag". Skriv cirka 50 ord.

Personliga pronomen i objektsform		§ 6a

mig	oss
dig	er
honom	dem
henne	
den/det	

3:1 Skriv pronomen i objektsform!

1. – Har du sett Julia? – Jag såg _____ i går.

2. Daniel har en ryggsäck. Han packar _____.

3 – Vad har Fredrik för telefonnummer? Jag ska ringa till _____.

4. – Var är pengarna? – Jag la _____ på bordet.

5. – Kom hit, Erik och Hanna! Jag vill tala med _____.

6. – Här är vi. Vad vill du _____?

7. – Jag studerar på distans, så man kan säga att kursen kommer till _____.

8. – Daniel, det är telefon till _____!

Ordföljd	§ 2a

Han **heter** Daniel.
    2

Han **bor** inte i Stockholm.
    2

    Bor Daniel i Stockholm?

När **bodde** Daniel i Stockholm?
    2

3:2 Skriv meningar!

Tänk på att verbet är på plats 2.

Daniel inte ryggsäcken packat har

1. _____.

Han lista skrivit en lång har

2. _____.

Vad i går han gjorde

3. _____?

Nu lista sitter och han sin kollar

4. _____.

Vad på han tänker

5. _____?

Han till ringa måste Jonas

6. _____.

Har en tröja han varm packat

7. _____?

Daniel inte pengar så mycket har

8. _____.

På ska torsdag kväll Daniel Åsa och middag äta

9. _____.

Vem betala middagen ska

10. _____?

3:3 Vad gjorde de?

Skriv verben i preteritum.

gå   1. Gustav _____ till jobbet *i morse*.

stå   2. Cecilia _____ och pratade med Oskar *i går kväll*.

skriva   3. Åsa _____ ett vykort hem *i fjol*.

sova	4. Han _____ till klockan tio *i lördags*.
ligga	5. Per _____ och tänkte på sin resa *i söndags*.
sälja	6. Gunnar _____ sin båt *för* ett år *sedan*.
äta	7. De _____ pasta till middag *i söndags*.
sitta	8. Vi _____ i soffan och tittade på tv hela kvällen *i går*.
dricka	9. Axel _____ en läsk till pizzan *i går kväll*.
springa	10. Hon _____ en halvtimme varje dag *förra veckan*.

3:4 Vad är klockan?

Fråga varandra.

A. 12.10	B. 22.55	C. 7.35	D. 6.50	E. 19.20
F. 23.40	G. 15.05	H. 4.25	I. 21.30	J. 2.35

3:5 Vad har Daniel gjort?

Nu är det torsdag. Det här har Daniel gjort den här veckan.

tvätta	1. Han har _____ .
köpa	2. Han har _____ ett par jeans.
skriva	3. Han har _____ en lista.
ringa	4. Han har _____ till mamma.
cykla	5. Han har _____ till universitetet.
läsa	6. Han har _____ kemi.

3:6 Skriv verbet i en form som passar!

komma	1. Han _____ till Stockholm förra veckan.
läsa	2. Malin _____ hela dagen i dag.
åka	3. De tänker _____ till Italien nästa vecka.
tala	4. John _____ inte svenska för en månad sedan.
ha	5. De _____ en blå bil i fjol.

arbeta	6. De ska _____ i kväll.
ringa	7. Åsa _____ till Daniel nu.
springa	8. Peter _____ mycket i går.
flytta	9. De _____ på måndag.
köra	10. Eva _____ bil till arbetet den här veckan.

3:7 Vad har de gjort i parken?

Arbeta i par!
Titta på parkbilden på sidorna 16–17 igen och fråga varandra till exempel:

A. Vem har ätit glass i parken i år? Vem har skrattat i dag? etc.
B. Vad har nummer 9 gjort i parken i dag? Vad har nummer 17
gjort den här veckan? etc.

3:8 Komplettera meningarna! Använd "som".

1. Jag har en syster _____ .

2. Han har en tröja _____ .

3. Daniel har en ryggsäck _____ .

4. Han har många saker _____ .

5. Hanna har en kusin _____ .

3:9 Prepositioner

Välj bland: *hos, med, till, i, på, för.*

1. När kom du _____ Sverige?

2. _____ morgon ska jag köra _____ Uppsala.

3. Daniel ringde _____ mamma _____ går kväll.

4. Pappa tittar _____ tv.

5. Margit, det är Åsa _____ telefon!

6. Kan jag få tala _____ Gunnar?

7. Vad har du _____ telefonnummer?

8. Vi studerar _____ universitetet.

9. När fikar de? _____ eftermiddagen.

10. Daniel studerar _____ kvällen.

11. Mattias går _____ skolan.

12. Daniel har en lägenhet _____ ett litet kök.

13. Vi var _____ parken hela dagen i går.

14. Vi ses _____ söndag!

15. I går var Daniel hemma _____ Åsa och åt middag.

3:10 Familj och släktingar

Vad kallas de olika personerna
i släkten? Skriv rätt ord!

Vågrätt
4. Min systers man är min …
6. Min pappas mamma är min …
8. Min mosters son är min …
9. Mammas pappa är min …
10. Min pappas bror är min …

Lodrätt
1. Min brors fru är min …
2. Min bror och min syster är mina …
3. Min mammas bror är min …
5. Anna är Daniels …
6. Min pappas syster är min …
7. Min mammas syster är min …

3:11 Skriv!

Läs först texten "Två familjer" i läroboken igen och skriv sedan
en uppsats som heter "Min familj". Skriv ungefär 50 ord.

Substantivets former	§ 4a-b		
1. en soff/a	-an	-or	-na
2. en säng	-en	-ar	-na
3. en telefon	-en	-er	-na
4. ett foto	-t	-n	-a
5. ett skåp	-et	=	-en

4:1 Skriv alla former av substantivet!

SINGULAR		PLURAL	
Obestämd form	*Bestämd form*	*Obestämd form*	*Bestämd form*

Exempel:

en bil	bilen	bilar	bilarna
1. _____ vecka	_____	_____	_____
2. _____ buss	_____	_____	_____
3. _____ pojke	_____	_____	_____
4. _____ kurs	_____	_____	_____
5. _____ foto	_____	_____	_____
6. _____ namn	_____	_____	_____

4:2 Skriv obestämd form plural!

flicka   1. Tre _____ leker med en boll.

rum   2. I Lund finns många student_____.

telefon   3. De har fem _____ hemma.

bil   4. Familjen har två _____.

pojke   5. Några _____ står och pratar.

tjej   6. På puben tittar Daniel på några _____.

film   7. Det finns inga bra _____ på tv.

klocka   8. Lars har två japanska _____.

gardin	9. Ulrika har köpt nya _____.
foto	10. Åsa har några bra _____ på Daniel.
bord	11. I klassrummet finns tio _____.
stol	12. Det finns också tjugo _____ i klassrummet.
år	13. Hur många _____ har du läst svenska?
dag	14. Du, har ett år 364 _____?
bok	15. Alla _____ står i bokhyllan.

4:3 Var står Anna, Daniels syster?

Välj bland: *i mitten, till vänster om, till höger om, bakom, mellan, framför*

1. Hon står _____.

2. Hon står _____ farmor och mamma.

3. Hon står _____ pappa och farfar.

4. Hon står _____ Marie och Martin.

5. Hon står _____ farmor och _____ mamma.

4:4 Skriv meningar!

Hur många lägenhet har Daniels rum

1. _____?

Är liten lägenheten stor eller

2. _____?

I han ett har köket bord två och stolar

3. _____.

I fönster finns stora två rummet

4. _____.

Sängen rummet inte mitt står i

5. _____.

En på soffan golvet ligger matta framför

6. _____.

Var dator Daniels står

7. _____?

I stor hänger en taket lampa

8. _____.

Vad på Daniel har väggarna

9. _____?

I inte har ett badrummet han badkar

10. _____.

4:5 Skriv alla former av substantivet!

SINGULAR		PLURAL	
Obestämd form	*Bestämd form*	*Obestämd form*	*Bestämd form*
1. _____ stad	_____	_____	_____
2. _____ säng	_____	_____	_____
3. _____ flicka	_____	_____	_____
4. _____ år	_____	_____	_____
5. _____ dag	_____	_____	_____
6. _____ kusin	_____	_____	_____

4:6 Skriv bestämd form i singular eller plural!

vecka   1. Förra _____ var jag i Göteborg.

månad   2. _____ heter januari, februari, mars … på svenska.

golv   3. Daniel har många saker på _____.

vägg   4. Hon vill inte ha några tavlor på _____.

fåtölj   5. Elisabeth sitter i _____ och läser.

film   6. _____, som vi såg i går, var intressant.

skrivbord   7. Fredrik sitter vid _____ och gör läxan.

kök   8. Han lagar mat i _____.

tröja, jeans   9. Daniel har en tröja och två par jeans. Han tvättar _____ men inte _____.

semester   10. Ha det så bra på _____!

skola   11. Alla barn måste gå i _____.

lägenhet   12. _____ har tre rum och kök.

universitet   13. Han ska inte studera på _____ nästa år.

kylskåp   14. Daniel har inte mycket mat i _____.

barn   15. _____ lekte med varandra hela dagen.

4:7 Står, hänger eller ligger?

Sortera möblerna och sakerna och skriv dem under rätt verb.
matta, fåtölj, affisch, penna, bord, dator, telefon, gardin, byrå, lampa, spegel, tavla, papper

står	hänger	ligger
_____	_____	_____
_____	_____	_____
_____	_____	_____
_____	_____	_____
_____	_____	_____
_____	_____	_____
_____	_____	_____

4:8 Skriv verbet i en form som passar!

sitta, skriva   1. Han _____ och _____ sin läxa.

dricka   2. Varför _____ du så mycket vin i går?

tala   3. Kan jag få _____ med Anna?

göra   4. Vad _____ du när jag ringde?

komma   5. Kan du _____ klockan 16?

spela   6. Vi _____ tennis tre timmar i onsdags.

spela   7. På onsdag ska vi också _____ tennis.

sälja   8. Hon _____ sin tv förra veckan.

säga   9. Vad _____ du?

åka   10. Åsa _____ buss till arbetet varje dag.

titta   11. Vi _____ på en bra film i går kväll.

röka   12. _____ inte så mycket!

köpa   13. Var har du _____ datorn?

köra   14. Kan du _____ bil?

bo   15. Margrete _____ i Danmark för femtio år sedan.

resa   16. De _____ till Turkiet i morgon.

flytta | 17. De har _____ till Norge den här veckan.

ha | 18. De har _____ en skön semester.

packa | 19. Har du _____ din ryggsäck?

gilla | 20. Peter _____ att sova i soffan.

4:9 Arbeta i par!

Titta på sidan 38 i läroboken. Vilka möbler passar i de olika rummen?

hall | kök | vardagsrum | sovrum

_____ _____ _____ _____

_____ _____ _____ _____

_____ _____ _____ _____

_____ _____ _____ _____

4:10 Gömda ord: möbler och annat

Här finns massor av möbelord gömda, både vågrätt och lodrätt.
Hur många hittar du på fyra minuter?

```
A B P S Q B G K E Y U J N J Z E X N G P B J B E E
H D F J F P G H F Å T Ö L J Y P D J O Ä H Å T C H
G Q H D H C A I G E R E Z E Ö H D L G Å X F J K Z
F C X B G J R A Ä B Ä A V D Ö O J G I C D J S P C
M S R Y R Ö D Y Y H O O Ä V P K Y L S K Å P Z C M
P K H R O B I H O S S Q C A R Ä M N S Ö L Q E Q X
E R Y Å G Ä N B R L S G K Y L B O R D P Ö B O X M
N I M A T B O R D M J D A N Q A D T C L A M P A A
F V S Q F F B N Ö H A M R J A X A S K Å P F Z V T
B B F A D B T E Ä M S Z K S S X T G I S Z Z Y Y T
H O F T K R L L I H Y P L R Y Q O U K V C I V Ö A
E R U S O F F A B D Ä V O V D A R Ö H Y V H V Ä D
E D A F G G E P K F P K C T Å Å N S P E G E L O Å
H Z T D P J Ä F O E G A K L R P S I S J N D U Z
Z Å M Y R A D I O B T M A Å J H Ö Q Y C Ä A C K G
X M Q S A Y I H D Y Z A F F I S C H D S Ä N G F Y
J U X F E T Ä G Q O K F S T O L N V M N O I H E V
```

4:11 Skriv!

Läs först texten om Daniels lägenhet i läroboken. Skriv sedan en uppsats som heter "Mitt rum" eller "Min lägenhet". Skriv cirka 50 ord.

Jag kan ...

Sätt kryss i rutorna när du kan det här:

TALA

☐ säga vem jag är och var jag bor.

☐ räkna till 100.

☐ säga veckodagar och månader.

☐ säga något om min familj.

☐ berätta hur gammal jag är.

PRATA MED ANDRA

☐ hälsa på någon och säga hej då.

☐ förstå när någon ber mig om något, och själv be om något.

☐ säga varsågod och tack.

☐ fråga vad någon heter och svara på enkla frågor.

☐ fråga hur någon mår och säga hur jag själv mår.

☐ fråga om och tala om hur man hittar till en plats.

☐ säga vad klockan är och fråga om tiden.

LÄSA

☐ läsa och förstå några ord och enkla uttryck till exempel på skyltar.

☐ läsa och förstå korta meddelanden.

☐ läsa och förstå mycket enkla instruktioner.

☐ läsa och förstå mycket enkla dialoger.

SKRIVA

☐ presentera personer med några mycket enkla meningar.

☐ skriva korta enkla meddelanden.

☐ skriva några enkla meningar om mig själv.

☐ skriva en kort dialog.

LYSSNA

☐ förstå mycket enkla instruktioner.

☐ förstå enkla frågor när någon talar långsamt och tydligt.

☐ förstå någon hälsar på mig och frågar hur jag mår.

☐ förstå när någon berättar mycket enkelt om sig själv och sin familj.

☐ förstå några vanliga ord när människor pratar.

5:1 Vilket ord ska bort?

Exempel:
a. potatis
b. ~~färs~~
c. blomkål
d. purjolök

1. a. yoghurt
   b. grädde
   c. juice
   d. mjölk

2. a. lök
   b. gurka
   c. morot
   d. päron

3. a. ost
   b. korv
   c. fralla
   d. skinka

4. a. sill
   b. kotlett
   c. biff
   d. kyckling

5:2 Substantiv i obestämd och bestämd form

Daniel ska handla mat, men först måste han skriva en lista.
Hjälp honom med listan! Det här behöver han:

A. Substantiv i obestämd form.

Inköpslista

B. Substantiv i bestämd form

När han kommer hem ställer/lägger han in det han har handlat
i kylskåpet och i ett köksskåp.

Vad ställer/lägger han i kylskåpet?

Vad ställer/lägger han i köksskåpet?

Vad tror du att Daniel tänker laga till middag?

5:3 Tycker om … Tycker om att …

Skriv två saker som du tycker om och två saker som du tycker om att göra.
Skriv två saker som du inte tycker om och två saker som du inte tycker om att göra.

_____

_____

_____

_____

_____

_____

_____

_____

5:4 Skriv meningar!

Hon en kaka eller en till eftermiddagskaffet bulle äter

1. _____.

Vill ha eller te kaffe du

2. _____?

Hon att inte om tycker mat laga

3. _____.

På restaurangen äta fisk de kan skaldjur och

4. _____.

Vad efter du längtar

5. _____?

Daniel på mackorna ost vill eller ha korv

6. _____.

Skulle ett ha du vilja vin glas

7. _____?

Åsa inte öl om tycker så mycket

8. _____.

Vad till frukost du i morse åt

9. _____?

Efter restaurangbesöket gick Daniel till hem kaffe de och drack

10. _____.

5:5 På kaféet

Kombinera fraserna i de båda spalterna! Arbeta i par.

_____ 1. Vad vill du ha?	A. Varsågod.
_____ 2. Det blir 34 kr.	B. En kopp kaffe och en kanelbulle, tack.
_____ 3. Kan jag få en kopp te till?	C. 20 kronor.
_____ 4. Vad kostar kaffet?	D. Ja, det gör det.
_____ 5. Ingår påfyllning?	E. Nej, det är upptaget.
_____ 6. Är det ledigt här?	F. Javisst.

Possessiva pronomen § 6c

	en-ord	ett-ord	plural	reflexivt possessiva		
(jag)	min	mitt	mina	min	mitt	mina
(du)	din	ditt	dina	din	ditt	dina
(han)	hans	hans	hans	sin	sitt	sina
(hon)	hennes	hennes	hennes	sin	sitt	sina
(den) (det)	dess	dess	dess	sin	sitt	sina
(vi)	vår	vårt	våra	vår	vårt	våra
(ni)	er	ert	era	er	ert	era
(de)	deras	deras	deras	sin	sitt	sina

5:6 Skriv ett possessivt pronomen som passar!

jag   1. Jag har _____ cykel vid stationen.

ni   2. När ska ni flytta till _____ nya lägenhet?

Lisa   3. Lisa vill inte äta _____ jordgubbar.

vi   4. Vi måste prata med _____ lärare.

jag   5. _____ rum är inte så stort.

Daniel 6. Daniel har _____ tröjor på golvet.

Daniel 7. Daniel och _____ kompisar är på puben.

du   8. Var bor _____ föräldrar?

ni   9. Jag har glömt _____ telefonnummer.

de   10. De och _____ barn ska åka till Göteborg.

jag   11. _____ fåtölj är skön.

ni   12. Var var ni på _____ semester?

5:7 Prepositioner

Välj bland prepositionerna *med, i, på, av, om, mellan, bakom, över.*

En kväll hemma hos Daniel

1. Åsa och Daniel sitter _____ soffan.

2. Deras temuggar står _____ bordet.

3. Åsa dricker te _____ mjölk.

4. Daniel har ingen mjölk i teet, men han har massor _____ socker.

5. Daniel tänker köpa en ny bokhylla, men var _____ rummet ska den stå?

6. Till vänster _____ fönstret?

7. _____ tv:n och skrivbordet?

8. _____ hörnet?

9. Ska han flytta soffan från väggen och ställa bokhyllan _____ soffan?

10. Men _____ soffan hänger saker som han har köpt _____ sina resor.

    Då måste han flytta dem också! Åsa tycker att bokhyllan ska stå i hallen.

5:8 Possessiva pronomen

Du och dina vänner städar tillsammans efter festen i går. Ni hade knytkalas så alla hade med sig något att äta eller dricka. Allt är huller om buller och många har glömt sina saker.

Kalles	1.	– Är det _____ mobil, Kalle? – Ja, det är _____ mobil.
Rasmus	2.	Rasmus säger att det är _____ gitarr.
		Han glömmer ofta _____ gitarr.
Majas	3.	Maja har glömt _____ kamera. _____ kamera ligger på köksbordet.
Davids	4.	David behöver _____ gryta. _____ gryta står i köket.
jag	5.	– Vem har hittat _____ tallrikar? undrar jag.
Fridas	6.	Frida gick hem utan _____ stekpanna i går. Hon måste också hämta _____ gafflar. – Och är det inte _____ muggar, Frida? frågar jag.
Evas och Lenas	7.	– Är det här _____ cd-skivor, tjejer?
		– Nej, vi har tagit _____ cd-skivor, säger Eva.

Viktors	8.	– Viktor har glömt _____ salladsskål. Det är _____ tomma
		flaskor också, säger Maja.
Majas och Davids	9.	– Vems mp3-spelare är det här? – Det måste vara _____, tror Frida.
de	10.	– Har alla tagit _____ saker nu? frågar Kalle.

5:9 Gömda ord: mat

Här finns massor av matord gömda, både vågrätt och lodrätt.
Hur många hittar du på fyra minuter?

```
M K F Å N F X Q J C E L C U E X E C G Y P G E Z Ö
Ä S U L Ä U P L Ö K R N Ä L A Q Z B U L L E X M J
T M O T Q O O B D N U B G T P K Y B T Z K M L I Y
H Ö G Z N T S A Ö K C L G J E O Ä M O R O T L B P
H R D Ö U O T N G J R K D Q L T P J N F Ö B M Z Y
Z D O Z D I C A N V A L I Ä S Z K Y C K L I N G V
Q F K H I K X N X M U Z J P I S V S L R E Z D U L
T L O K Q X J V S J G C S P N Ä X G B Q K M B V M
O Ö R K Ö Y R Z H Ö G N M L G P A P R I K A T A J
M Å V N E H Å L O L Å M I E V Y D H I G U R K A T
A K H C Z Z F L Ö K J X C S A L L A D Ö Z M G H F
T B R Ö D G F C D U O J S L G C E R R X T E G K Å
G Z V G F L Ä F I S K J I L N T Y E J Y Y L M V Å
L Å Y P Z Ä T G A C A I Y Q E S O M M Å A A G J M
X P M D N R X P B F U A D F B D Z T B D P D J Q B
Y Z E E S X C J Q M P O T A T I S Ä R D Ä X V B U
E Z I D D I Y T Ö X O Ä K Q P R F I P Q S H V K C
```

5:10 Skriv!

Skriv en uppsats som heter "En hemmakväll". Skriv cirka 50 ord.

6:1 Vad gör Daniel först och vad gör han sedan?

Skriv meningar och använd *först … och sedan …*

1. _____

   lagar mat   äter

2. _____

   duschar   klär på sig

3. _____

   springer till tåget   åker tåg

4. _____

   äter   diskar

5. _____

   cyklar till universitetet   studerar

6:2 Svara med kortsvar!

1. Är du trött?   _____

2. Bor du i Köpenhamn?   _____

3. Gillar du choklad?   _____

4. Kan du komma i kväll?   _____

5. Får jag låna din penna?   _____

6. Vill du ha en smörgås till? _____

7. Ska vi inte gå hem snart? _____

8. Steg du upp tidigt i morse? _____

9. Har du tvättat bilen?   _____

10. Förstår du?   _____

6:3 Ordföljd

Gör frågor!

Hur dags väckarklocka på morgonen ringer din

1. _____?

Tycker att om åka du tåg inte

2. _____?

Stiger tidigt sent på eller upp söndagarna du

3. _____?

Är av du intresserad fotboll

4. _____?

Brukar gå du puben på och öl dricka

5. _____?

Får sak fråga en jag

6. _____?

Varifrån Stockholm till går tåget

7. _____?

Hur ofta kompisar du träffar dina

8. _____?

Duschar morgonen på kvällen på eller du

9. _____?

Är inte öppna efter åtta klockan affärerna

10. _____?

6:4 Skriv det ord som fattas!

Välj bland: *aldrig, nästan aldrig, sällan, ibland, ofta, nästan alltid, alltid.*

1. Hon går _____ på bio, för hon tycker att det är för dyrt.

2. Daniel ringer _____ till sin mamma.

3. Åsa är _____ glad.

4. Bussen kommer _____ några minuter för sent.

5. Mormor sms:ar _____, för hon har problem med tekniken.

6. Margit cyklar _____ till jobbet.

7. Familjen åker _____ utomlands på semester, för de har en sommarstuga.

8. Jonas kollar _____ sin mejl när han kommer hem.

9. Kalle går _____ på fotbollsmatcher och hejar på sitt favoritlag.

10. Mormor har _____ chattat. Hon ringer till sina vänner i stället.

11. Hon joggar _____ på morgonen och mycket _____ på kvällen.

12. De ses _____ för de har mycket att göra.

6:5 Hur ofta?

Använd prepositionerna *om* och *i.*

1. Jonas spelar fotboll en gång _____ veckan.

2. Det går ett tåg till Malmö ungefär två gånger _____ timmen.

3. Han duschar en gång _____ dagen.

4. Åsa har semester en gång _____ året.

5. Hon får lön en gång _____ månaden.

6. De ringer varandra ett par gånger _____ veckan.

7. Han går ut med hunden tre gånger _____ dagen.

8. Han tittar på klockan en gång _____ minuten.

6:6 I badrummet

Daniel har ett litet badrum. Han har inget badkar utan bara en dusch.
Daniel vill ha ett större och modernare badrum.

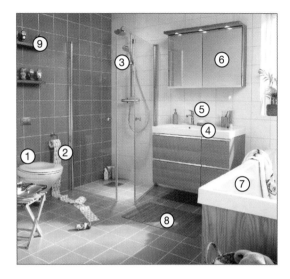

1. toalettstol -en -ar
2. toalettpapper -et
3. dusch -en -ar
4. tvättställ -et =
5. kran -en -ar
6. badrumsskåp -et =
7. badkar -et =
8. badrumsmatt/a -an -or
9. hyll/a -an -or

Det här kan man till exempel göra i badrummet:

tvätta händerna	bada
tvätta håret	torka sig
duscha	borsta tänderna
gå på toa	raka sig

A. Beskriv badrummet! Skulle du vilja ha ett sådant badrum? Städar du ofta?
   Badar/duschar du snabbt eller är du länge i badrummet?

B. Svara på frågorna!

   1. När använder Daniel en handduk? _____

   2. När använder han badkaret? _____

   3. När använder han tandkräm och tandborste? _____

   4. När använder han schampot? _____

   5. När använder han tvålen? _____

6:7 Personliga pronomen i objektsform

1. Var är böckerna? Jag la _____ här.

2. När väckarklockan ringer, stänger Daniel av _____.

3. Har du träffat Kalle? Nej, jag har inte sett _____ på länge.

4. Du kan väl ringa till _____ i morgon! Här är mitt nummer.

5. Petra är så trevlig. Jag tycker om _____.

6. Vänta på _____! Jag kommer om fem minuter.

7. Om ni har problem kan vi hjälpa _____.

8. Hej Sofia! Så roligt att träffa _____!

6:8 Prepositioner

Välj bland: *om, med, efter, till, i, på, av, utanför.*

1. Affären har öppet _____ klockan 22.00.

2. De står _____ stationen.

3. Är det här vägen _____ biblioteket?

4. Äter du ofta _____ restaurang?

5. Daniel lånar 100 kronor _____ Jonas.

6. Jag längtar _____ en kopp kaffe!

7. De pratar _____ matchen.

8. Nej, jag vill ha en smörgås _____ ost.

9. Vad åt du _____ frukost?

10. De går _____ bio en gång _____ veckan.

6:9 Verbformer

Lär dig först formerna av verben *be – falla* i verblistan i studieboken och gör sedan övningen!

be   1. Jag _____ honom om hjälp i går.

bita   2. Du har ju _____ i äpplet!

bjuda   3. Han _____ oss på en öl i fredags.

bli   4. Vi _____ så glada när du kom.

brinna   5. Hela huset _____ ner i fjol.

bära   6. Vill du hjälpa mig att _____ datorn?

böra   7. Vi _____ ha stigit upp tidigare i morse.

dricka   8. Gustav _____ mycket öl i går kväll.

dö   9. Eriks gamla katt har _____.

falla   10. Alla Fridas äpplen har _____ ner.

6:10 Skriv det ord som fattas!

Välj bland:

väckarklocka semester fortfarande skärgård låna stiga upp möta
helgen väntade kul syster provat öppet tråkiga tid

1. Jag ska åka till Norrland på _____.

2. Min _____ ringer klockan 7.00.

3. Jag ska _____ Daniel på stationen.

4. På måndag måste vi _____ tidigt.

5. Vi åker båt ut i Göteborgs _____.

6. Får jag _____ din ordbok?

7. Bor du _____ i Umeå?

8. Det ska bli _____ att gå på bio.

9. Vad ska du göra under _____?

10. Affären har _____ till klockan 22.00.

11. Jag _____ en timme på Erik, men han kom inte.

12. Vad heter din _____?

13. Har du _____ det nya schampot?

14. Jag har inte _____ att prata med er nu.

15. Han tycker att flygplatser är _____.

6:11 Skriv!

Skriv en text som heter "Min morgon". Skriv cirka 75 ord.

7:1 Skriv ett hjälpverb som passar!

Välj bland: *får, kan, vill, ska, tänker, måste.*

1. _____ man tälta var man _____?

2. Åsa har inte semester, så hon _____ inte följa med.

3. – Vilka _____ sova i tältet? – Det har de inte bestämt ännu.

4. Man _____ ha en grill om man _____ grilla i skärgården.

5. – _____ Daniel segla? – Ja, han har seglat i mycket i Stockholms skärgård.

6. Killarna _____ inte bädda i båten, men de sätter gärna upp tältet.

7. Man _____ städa efter sig i naturen.

8. Daniel _____ köpa en present till Åsa, men han glömde det.

9. Det finns mycket som man _____ göra men inte _____.

10. – _____ jag bjuda på en kopp kaffe?

7:2 Vad gör de på fritiden?

Skriv verbet i en form som passar!

gå   1 Jag och min pojkvän _____ ofta långa promenader i skogen i höstas.

plocka 2. På hösten gillar vi att _____ svamp.

sjunga 3. Jonas _____ i ett band när han gick i grundskolan.

jaga   4. Jag har aldrig _____ och tänker aldrig börja heller.

spela   5. Tjejerna _____ jämt badminton i trädgården i somras.

träna   6. Pelle hade inte _____ på flera veckor och därför blev han trött.

gympa   7. Trots att han _____ flera gånger i veckan blev han inte smal.

jogga   8. Nu har jag _____ varje morgon i en vecka för att baddräkten ska passa.

åka   9. Det var ingen snö i vintras och därför _____ vi inte skidor.

ha   10. Åsas familj har _____ ett fritidshus vid havet i femton år.

7:3 Träna imperativ!

Din tränare säger att du ska *cykla till träningen, inte komma för sent, lägga dig tidigt, sova i 8 timmar, äta mycket frukt, inte dricka läsk* och *duscha när du kommer hem.*
Vad säger hon?

Exempel: – Cykla till träningen!

1. – _____
2. – _____
3. – _____
4. – _____
5. – _____
6. – _____

Skriv fem egna goda råd om vad man kan göra för att hålla sig i form!

7:4 Lite om väder

Vilken verbform passar?

vara   1. Hur _____ vädret i Norrland på sommaren?

komma att   2. Titta på de mörka molnen! Jag tror att det _____ bli åska.

regna   3. Det _____ bara en dag på hela semestern i fjol.

blåsa   4. Det har _____ full storm i en hel vecka nu, så vi har inte kunnat segla.

skina   5. Vilket underbart väder det var i går! Solen _____ hela dagen och det var nästan 30 grader i skuggan.

snöa   6. Brukar det _____ i februari?

ösregna   7. Jag blev alldeles våt när jag cyklade till jobbet i morse, för det _____.

frysa   8. Du måste ha vantar när du cyklar, annars _____ du om händerna.

snöa   9. Det har _____ varje dag hela veckan.

skina   10. Jag blir så glad när solen _____!

7:5 Fråga med perfekt!

Pappa ringer hem till Viktor, 14 år, som är ensam hemma och är sjuk i dag.
Vad har han frågat?   Här är Viktors svar:

1. _____?   Ja, jag har stigit upp.

2. _____?   Nej, jag har inte ätit frukost än.

3. _____?   Ja, jag har duschat.

4. _____?   Nej, jag har inte bäddat.

5. _____?   Ja, det har jag.

6. _____?   Nej, det har jag glömt.

7:6 Adjektiv

Skriv motsatser!

Ex. ren ≠ *smutsig*_____   13. pigg ≠ _____

1. ful ≠ _____   14. frisk ≠ _____

2. ung ≠ _____   15. stark ≠ _____

3. dyr ≠ _____   16. bra ≠ _____

4. glad ≠ _____   17. hög ≠ _____

5. ny ≠ _____   18. mätt ≠ _____

6. hård ≠ _____   19. tung ≠ _____

7. tunn ≠ _____   20. lång ≠ _____

8. bred ≠ _____   21. svår ≠ _____

9. tjock ≠ _____   22. rak ≠ _____

10. sur ≠ _____   23. mörk ≠ _____

11. varm ≠ _____   24. stor ≠ _____

12. äcklig ≠ _____   25. rolig ≠ _____

7:7 Mitt skrivbord

– Kan du beskriva ditt skrivbord?

– Javisst. Mitt skrivbord är _____ och _____ och det är inte
1. (liten)   *2. (vit)*

så _____. Det ligger många _____ papper huller om buller där.
   3. (ny)   *4. (gammal)*

Jag har också några _____ pennor och tre _____. Jag städar inte så ofta
     5. (svart)   *6. (röd)*

så det är ganska _____. Just nu finns det också en _____ smörgås
     7. (smutsig)   *8. (halv)*

och en kopp _____ kaffe på mitt skrivbord.
     9. (kall)

Över skrivbordet hänger två _____ foton på mig själv.
     10. (vacker)

Beskriv ditt eget skrivbord.

7:8 Vad har Åsa köpt?

Det är lördag och Åsa har shoppat. När hon kommer hem ringer hon till en kompis och berättar vad hon har köpt. Hjälp Åsa att beskriva kläderna.

Använd de här substantiven:
en kjol, ett par jeans, en kavaj, en tröja

och välj bland de här adjektiven:
blå, kort, jättesnygg, rutig, varm, söt, tjock, randig, röd, billig

I dag har jag köpt

1. _____

2. _____

3. _____

4. _____

Adjektivet och substantivet har **bestämd form** efter:

den	Jag är rädd för den stora hunden.
det	De gick ut i det vackra vädret.
de	Turisterna läste de intressanta broschyrerna om Norrland.
den här	Varifrån kommer den här goda osten?
det här	Det här gröna teet är mycket gott.
de här	Vems är de här snygga handskarna?
den där	Jag skulle vilja ha den där rutiga jackan.
det där	Vem bor i det där gamla huset?
de där	Titta på de där små barnen som spelar fotboll!
förra	Förra veckan var jag i Berlin.
hela	I dag har jag studerat hela långa dagen.
halva	Jag köpte de här jeansen till halva priset.

Adjektiv har **bestämd form** och substantivet har **obestämd form** efter:

possessiva pronomen	Min gamla bil stannade på väg till jobbet i dag.
genitiv	Daniels nya skrivbord är stort.
denna (=den här)	Denna kalla vinter tar aldrig slut.
detta (= det här)	Vad vill du säga med detta långa brev?
dessa (=de här)	Vill du inte ha en av dessa goda kanelbullar?
nästa	Daniel vill inte läsa nästa svåra kurs.
samma	Vi har sett samma underbara opera åtta gånger.
följande	Jag har ingen lust att lära mig alla former av följande svåra verb

Efter alla andra ord har både adjektivet och substantivet **obestämd form**.

7:9 Skriv rätt form av adjektivet!

ny 1. Jag köpte en _____ skjorta i går.

intressant 2. Jag träffade _____ människor på resan.

skön 3. – Jag har aldrig haft några _____ skor.

liten 4. Vi bor i ett mycket _____ hus.

söt 5. Daniel gillar sin _____ flickvän.

dyr 6. Jag skulle vilja ha den här _____ mp3-spelaren.

ljus 7. Jag längtar efter de _____ sommarkvällarna.

svart   8. Jag har haft samma _____ stövlar hela vintern.

gammal   9. Har du läst alla dina _____ tidningar?

vacker   10. Sitt inte inne i det _____ vädret.

7:10 Adjektiv och substantiv

Skriv former som passar!

svart/penna   1. Den här _____ _____ är bra.

gammal/cykel   2. Du kan få min _____ _____ när jag flyttar härifrån.

liten/barn   3. Många _____ _____ leker med lego.

ny/diskmaskin   4. Jag har inte råd att köpa någon _____ _____.

ljus/rock   5. Den där _____ _____ är väl snygg!

brun/kavaj   6. Han har samma _____ _____ varje dag.

randig/linne   7. Cecilias _____ _____ var inte dyrt.

dålig/musik   8. Ylva vill inte lyssna på den _____ _____.

fin/tröja   9. Vilken _____ _____ du har!

vit/strumpa   10. Alla hans _____ _____ är smutsiga.

7:11 Verbformer

Lär dig först formerna av verben fara – gå i verblistan i studieboken och gör sedan övningen!

fara   1. Harry och Siv har _____ till Portugal.

finna   2. Rut kunde inte _____ sina nycklar.

finnas   3. Det _____ inga mobiltelefoner när jag var liten.

flyga   4. Har du _____ till Sverige?

få   5. Kerstin _____ tre mejl i morse.

försvinna   6. Vart _____ du i går kväll?

ge   7. Lars _____ bort sin cykel i höstas.

glädja   8. Det _____ oss att ni ville komma i söndags.

gråta   9. _____ inte mer nu!

gå   10. När _____ du hem i går?

7:12 Skriv det ord som fattas!

Välj bland:

tält   skuggan   drycker   bädda   ha med   lagom   ö   i alla fall
sätta upp   heller   alldeles   skön   lön   motionerar   råd

1. Vi tänker segla till en liten _____.

2. Där ska vi sova i _____.

3. Vi behöver _____ mycket mat.

4. Vi blir säkert törstiga, så vi har köpt många _____.

5. Det är _____ varmt i vattnet.

6. Varför kan inte killarna _____ i båten?

7. Tjejerna vill kanske _____ tältet.

8. När man arbetar får man _____ varje månad.

9. Puh, det är så varmt! Jag vill sitta i _____.

10. De skulle vilja köpa ett nytt hus, men de har inte _____,
    för det kostar fyra miljoner.

11. Det här blir verkligen en _____ helg!

12. Jag blev _____ våt när jag var ute i regnet.

13. Jag _____ fyra gånger i veckan.

14. Daniel har ingen bil och Åsa har inte _____ någon bil.

15. Alla sa att boken var dålig, men jag ville läsa den _____.

7:13 Gömda ord: kläder

Här finns massor av klädord gömda, både vågrätt och lodrätt.
Hur många hittar du på fyra minuter?

```
I Z R Z K L H Å Å A Ö Y A P T K A V A J G C F J Ö
T G Å R I N O B N L Y O K X B C R Y L L X U U A D
X Q F N H K A P P A I J B O C Y J H I B G I I C R
R R B K J O L K N Y Ö B C I Å Ö G J N Q Ä S J K Ä
S C I Q I G R Ö A B S P Y J K R V H N Ä A K T A J
Z Z K T R Ö J A G Q A B B Ä L T E B E C C J Ä U Ä
V P I U E D Ä J X M S K O M E Q I V I L L O V N G
N Y N I O H A N D S K E H T O R J Ä U A L R A I Z
B J I M Å D G J Å D X H A L S D U K M E A T N B E
I A D J Y A T K M A N J L E O L B E I U U A T U J
N M A M Q K C L Q F I X C B Y X O R Ä S Z U E C O
G A U Ä Ä O Ä Ä O K L M N F V U C H M T N K H Q I
R S D R V S S N V Z F E X E Ö S V G T Ö Q L R Ö X
V P X D B T G N F D K L H Å Å X P B Ö V H S O Q Ö
Ö R G N V Y G I H R S L U X X G I L K E S F R C Y
O O B U V M T N Q O H Z M M Ö S S A Å L M Ä S Ä T
D E R E A O X G Ö C Å D B Å N B L U S F D G M E R
```

7:14 Skriv!

Skriv en uppsats som heter "Min vän". Hur ser din vän ut? Hur är din vän?
Varför är ni vänner? Använd många adjektiv. Skriv cirka 75 ord.

8:1 Skriv rätt form av adjektiv och substantiv!

fin/segelbåt   1. De hade lånat Pelles pappas _____ _____.

liten/tält   2. De måste ha med ett _____ _____ också.

kall/vatten   3. Malin badade inte så länge i det _____ _____.

underbar/dag   4. Efter en _____ _____ på sjön var alla mycket hungriga.

god/korv   5. De grillade några _____ _____ och åt potatissallad som tjejerna hade gjort.

god/potatissallad   6. Alla gillade den _____ _____.

gammal/gitarr   7. Jonas spelade på sin _____ _____ och alla sjöng.

blå/hav   8. De satt och tittade när solen gick ner över det _____ _____.

fantastisk/kväll   9. Vilken _____ _____ det var!

ljus/sommarnatt   10. När solen hade gått ner bakom öarna badade de i den _____ _____.

Rumsadverb

Riktning	**Befintlighet**
Vart?	*Var?*
in	inne
ut	ute
hit	här
dit	där
hem	hemma
bort	borta
upp	uppe
ner	nere
fram	framme

(tillsammans med verb som t.ex.:
gå, springa, köra, åka, cykla, komma)

(tillsammans med verb som t.ex.:
sitta, ligga, stå, bo, vara)

Exempel: – **Vart** ska du gå?
            – Jag ska gå **hem**.

Exempel: – **Var** var du i går kväll?
            – Jag var **hemma**.

8:2 Rumsadverb

hem – hemma

1. I går stannade jag _____ hela dagen.

2. Nu vill jag gå _____.

dit – där

3. Kyrkan ligger _____.

4. Hur går man för att komma _____?

bort – borta

5. I morgon ska vi resa _____.

6. Hur länge ska ni vara _____?

upp – uppe | 7. Daniel gick inte _____ på Kebnekaise.

8. Titta! En katt sitter _____ på taket.

fram – framme | 9. När är tåget _____?

10. Vill du veta när vi kommer _____?

hit – här | 11. Kom _____! Jag vill prata med dig.

12. Vi har inte bott _____ så länge.

bort – borta | 13. Banken ligger där _____.

14. Vi ska åka _____ till helgen.

ut – ute | 15. Kom så går vi _____. Det är så fint väder.

16. Jag är så trött för jag var _____ hela natten.

8:3 En lapp i tvättstugan

Innan Daniel åkte på semester tvättade han. Han glömde tiden och när han kom till tvättstugan för att hämta tvätten fanns det en lapp.

Skriv Daniels svar.

Här håller vi tiderna!!

8:4 Skriv ett verb som passar!

Välj mellan *tycker/anser* och *tror/antar*!

1. – Varför lyssnar du alltid på ABBA? – Därför att jag _____ att de är bäst.

2. – Vad kostade dina jeans? – Det kommer jag inte ihåg, men jag _____ att de kostade cirka 600 kronor.

3. – Gillar du EU? – Ja, jag _____ att EU är bra för Europa.

4. – Varför vill du bli ekonom? – Därför att jag _____ att det är kul med pengar.

5. – Vad blir 538 x 60? – Hm, jag _____ att det blir ungefär 32 200.

8:5 Skriv rätt form av adjektivet!

bred   1. Det finns inga _____ gator i Gamla Stan.

liten   2. De _____ båtarna låg vid bryggan.

färsk   3. Sara köpte _____ räkor.

ny, långsam 4. Min _____ dator är tyvärr mycket _____.

ljus   5. Jag vill ha ett par _____ sommarbyxor.

stor   6. Finns det många _____ städer i Tyskland?

bred   7. Varför har du alltid så _____ slipsar?

blå   8. Hon vill bo i ett _____ hus.

liten   9. Pappa kramade sin _____ flicka.

glad   10. Jag är så _____ att det är vår.

mörk   11. Det blir _____ tidigt på vintern.

ny, röd   12. Deras _____ bil är _____.

röd   13. Jag gillar inte _____ bilar.

kort   14. Jag svarade honom med ett mycket _____ mejl.

obekväm   15. Jag har sålt min _____ soffa.

8:6 Reciproka verb   § 1e

Fyll i verbet i rätt form!

träffas   1. Åsa och Daniel _____ nästan varje kväll i förra veckan.

pussas   2. De satt länge i parken och _____.

kramas   3. Brukar du och din mamma _____ när ni träffar varandra?

skiljas   4. Vad säger man när man _____ åt?

ses   5. Jonas och Daniel hade inte _____ på länge innan de seglade
             i Göteborgs skärgård.

höras   6. Jag ringer dig när jag kommer till Stockholm. Ja, vi _____!

8:7 På hotellet

Kombinera fraserna! Arbeta i par.

___	1. För hur många nätter?	A. 630 kr med dusch och toalett.
___	2. Ingår frukost?	B. Javisst så gärna.
___	3. Jag undrar vad ni tar för ett dubbelrum?	C. Bara för i natt.
___	4. Kan du beställa en taxi åt mig?	D. Ja, det gör det.

8:8 Prepositioner

Välj bland: *åt, mellan, på, över, med, för*.

1. Det är dyrt att bo _____ hotell.

2. Vill du ha hjälp _____ väskorna?

3. Vad tar de _____ en natt i enkelrum?

4. Vill ni ha en karta _____ centrum?

5. Frukosten serveras _____ 6.30 och 10.00.

6. Jag har beställt ett dubbelrum _____ oss.

8:9 Att fylla i en blankett

Ibland måste man fylla i blanketter. Då ska man till exempel fylla i:

Förnamn (tilltalsnamnet understruket)	Efternamn
Födelsedatum	Nationalitet
Gatuadress	Postnummer Ort
Telefonnummer	E-postadress

8:10 Verbformer

Lär dig först formerna av verben *göra – ljuga* i verblistan i studieboken och
gör sedan övningen!

göra	1. Vad _____ du för en timme sedan?
ha	2. Johan har _____ mycket att göra hela veckan.
heta	3. Vad _____ det på svenska?
hinna	4. Vi _____ inte hem innan det började regna.
hålla	5. Daniel _____ Åsa i handen när de var på bio.
komma	6. Hampus frågade varifrån kaffet _____.
kunna	7. Klara sa att hon inte _____ simma.
le	8. Hon _____ aldrig på foto.
ligga	9. Nils _____ och läste en bra bok.
ljuga	10. Jag _____ inte så ofta!

8:11 Skriv det ord som fattas!

Välj bland:

besöka de flesta intresserad fira anser humör typiskt dyrt platser färskt
utomlands somna fjällen skiljas åt brygga

1. Malin _____ att det är viktigt att motionera.
2. _____ turisterna i Sverige är från Danmark och Norge.
3. Vi var båda på riktigt gott _____.
4. Vi satt på en lång _____ och tittade på havet.
5. Pelle tänkte vandra i _____.
6. Skulle du vilja _____ Liseberg?
7. Jag sa hej och gav honom en kram, innan vi skulle _____.
8. På kvällen var det lätt att _____, för jag var så trött.
9. Han är inte _____ av fotboll.
10. Hur tänker ni _____ midsommar?
11. Hon har aldrig varit _____.

12. Jag har varit på många _____ i Sverige.

13. Lina vill äta en _____ svensk middag.

14. Jag har bakat i dag, så brödet är alldeles _____.

15. Viktor tycker att det är för _____ att gå på bio.

8:12 Korsord

Lös korsordet med hjälp av förklaringarna!

Vågrätt

1. I/Till ett annat land
6. Inte fryst, konserverad eller gammal
7. Många tusen
9. Spännande, inte tråkigt
11. Åka

Lodrätt

2. De flesta
3. Många öar tillsammans
4. Tror
5. Helg mitt på året
8. Gå
10. Ett stort gammalt hus

8:13 Skriv!

Du är på semester och har glömt någonting som du behöver. Skriv ett mejl till din vän och be honom/henne fixa det. Skriv cirka 50 ord.

9:1 Skriv datumen med bokstäver!

A. Tänk på att man börjar med "den" och skriver månadernas namn med liten bokstav.

1. 14/2 _____

2. 30/4 _____

3. 18/9 _____

4. 27/11 _____

5. 6/8 _____

B. Skriv fem datum och årtal som är viktiga för dig och varför de är viktiga.

1. _____

2. _____

3. _____

4. _____

5. _____

C. Du och din vän som bor i Malmö tänker resa bort ett par dagar.
   Nu har du kollat några alternativ. Här är dina anteckningar:

> 1. nattåg från Malmö den 25/4 kl. 17.38
>   till Stockholm 23.35
>   framme i Storlien den 26/4 kl. 9.17
>   (byte i Östersund)
>   retur samma väg den 28/4 14.55 eller 18.05
>
> 2. färja från Köpenhamn 4/5 kl. 17.00
>   framme i Oslo 5/5 kl. 9.30
>   hemresa 6/5 kl. 17.00
>   tillbaka i Malmö 7/5 kl. 10.45

Ring till din vän och berätta om de olika tiderna.
Diskutera och bestäm vilken resa ni helst vill göra.
Arbeta i par och skriv ner vad ni bestämde och varför.

9:2 Tre annonser – tre vykort

Här ser du tre reseannonser och tre vykort. Vilket vykort kommer från vilken plats?
Skriv själv det tredje vykortet.

Du tar en lång promenad på den underbara långa vita sandstranden. Koppla av efteråt med en exotisk drink i baren på stranden och se solen gå ner.

1

Följ med på en resa till Amazonas regnskog!

Vi åker båt på Amazonfloden in i djungeln där vi tittar på exotiska växter och djur. På kvällen tar vi in på något enkelt mysigt litet hotell. Ett riktigt äventyr!

2

Följ med på en kryssning till midnattssolens land!

Du kommer säkert att få se både isbjörnar och valar.

3

... de är helt vita och så söta. Det var fantastiskt att se dem på isen. Det är ljust dygnet runt, så jag vet inte om det är natt eller dag.

A

I går somnade jag i solen. När jag vaknade var jag alldeles röd. I dag har jag suttit under ett parasoll och tittat på havet.

B

C. Ditt vykort

9:3 Välj ett rumsadverb som passar!

I går var jag _____ hela dagen. Jag var bara _____ när jag gick _____
       1. (in – inne)   *2. (ut – ute)*   *3. (ut – ute)*
med hunden.

På onsdag ska jag gå _____ till Elisabeth. Innan jag går _____
       4. (hem – hemma)   *5. (dit – där)*

ska jag köpa en bukett blommor. Det är alltid så trevligt att vara _____
                                         6. (hem – hemma)

hos Elisabeth.

Förra året var jag i Spanien. _____ är det alltid så vackert väder. Nästa år ska jag
                                7. (dit – där)

åka _____ igen. Jag ska gå _____ och äta varje kväll.
      8. (dit – där)   9. (ut – ute)

Jag tycker mycket om att äta _____.
                              10. (ut – ute)

När jag kommer _____ måste jag börja arbeta igen.
                11. (hem – hemma)

9:4 Två huvudsatser

Daniel tänker be sina vänner om hjälp att bära in hans nya stora skrivbord på lördag.

Så här svarar de:
Elin: Jag måste tvätta, och sedan ska jag bjuda mamma på kaffe.
Malin: Jag måste jobba hela helgen, och därför behöver jag sova på lördag kväll.
Fredrik: Jag ska gå på bio med Eva, och vi tänker äta pizza efteråt.

Daniel frågar också dig. Vad svarar du? Du måste ha två ursäkter och kombinera dem
i en mening.

_____

Jämför ditt svar med någon annans.

9:5 Hur blev deras semester?

Skriv rätt form av adjektiv och substantiv!

trevlig/bilsemester   1. Familjen Bergström fick en riktigt _____ _____

                      _____ i Skåne och läste mycket i turistbroschyrerna.

lång/vandring   2. Markus skrev hem om sin _____ _____

                      i Norrland som blev jobbigare än han hade trott.

vacker/natur   3. Han berättade mycket om den _____ _____.

svensk/mat   4. Marina gillade den _____ _____ som

                      man äter på midsommarafton.

rolig/dans	5. Hon gillade också de _____ _____ runt midsommarstången.
fin/bild	Hon tog många _____ _____.
intressant/gammal/slott	6. Mitch och hans fru tittade på många _____ _____ _____ i Skåne.
billig/dubbelrum	7. Mitch hittade inget _____ _____, i Köpenhamn, så de bokade ett hotellrum i Malmö i stället.
rolig/present	8. De köpte några _____ _____ innan de åkte hem.
liten/billig/hotell	9. Femke bodde på ett _____, _____ _____ i Stockholm.
liten/kafé	10. Hon satt på flera _____ _____ och tittade på folk, och maten var inte så dyr som hon hade trott.

9:6 Prepositioner

Välj bland: *efter, från, om, av, till, över, med, för.*

1. Daniel skriver ett vykort _____ Kiruna.

2. Han föll när han skulle gå _____ en fors.

3. Det finns massor _____ mygg i fjällen.

4. De ska inte lifta _____ Stockholm.

5. Daniel vill att Åsa ska prata _____ hans mamma.

6. Föräldrar är ofta oroliga _____ sina barn.

7. Kan du ringa _____ min mamma?

8. Gunnar, lyssna på mig. Jag vill tala _____ något jätteviktigt.

9. Jag längtar _____ min flickvän.

10. Kan du hjälpa mig _____ en sak?

9:7 Skriv en konjunktion som passar!

Välj bland: *eller, men, så, för.*

1. Vi såg många spår i snön, _____ vi såg ingen människa.

2. I morgon liftar vi till Malmö, _____ också tar vi tåget, vi får se.

3. Mina jeans är våta, _____ jag föll i vattnet.

4. Du verkar trött, _____ du kan väl gå och lägga dig nu.

5. Programmet var faktiskt ganska bra, _____ det var inte så spännande.

9:8 Komplettera meningarna!

Titta på texterna i avsnitt 9 och skriv sedan vad Daniel och Jonas gör.

1. I fjällen _____

2. Från Kebnekaise fjällstation _____

3. Från Kiruna _____

4. När de kommer fram till Stockholm _____

5. Vid af Chapman _____

6. På kvällen _____

7. Efter konserten i Globen _____

8. I Kungsan _____

9:9 Hur länge eller när?

Skriv frågorna!

1. _____? Jag har läst svenska i en månad.

2. _____? Jag ska åka till Helsingfors på fredag.

3. _____? Han flyttade till Lund för fyra år sedan.

4. _____? De stannar i Göteborg i ett par dagar.

5. _____? Jag bodde i London under tre år.

6. _____? Jag åker hem om en vecka.

7. _____? Jag var på konserten i lördags kväll.

8. _____? Jag ska läsa svenska sex månader.

9:10 Prepositioner

Skriv en preposition i svaret. Välj bland: *i, om, på, under, för.*

1. – När är det vår?   – Det är vår _____ några månader.

2. – Hur länge ska du vara på semester?   – Jag ska vara på semester _____ tre veckor.

3. – Hur länge har du spelat tennis?   – Jag har spelat tennis _____ många år.

4. – När började kursen?   – Kursen började _____ en vecka sedan.

5. – När slutar kursen?   – Kursen slutar _____ tre veckor.

6. – När var du på bio?   – Jag var på bio _____ fredags.

7. – Hur länge arbetade du i Tokyo?   – Jag arbetade där _____ två år.

8. – När åker du till Barcelona?   – Jag åker till Barcelona _____ tisdag.

9:11 Verbformer

Lär dig först formerna av verben låta – skina i verblistan i studieboken
och gör sedan övningen!

låta   1. Nina _____ inte glad när hon ringde.

lägga   2. Var har du _____ mitt pass?

nysa   3. Prosit! sa han när jag _____.

rida   4. Ulf _____ ofta när han var liten.

rinna   5. Vi såg att vattnet _____ i forsen.

se   6. Jag tror att jag behöver glasögon, för jag _____ inte så bra.

sitta   7. Vi _____ och pratade hela kvällen.

sjunga   8. Alla tycker inte om att _____.

skilja   9. De _____ sig när de hade varit gifta i sju år.

skina   10. I somras _____ solen nästan varje dag.

9:12 Skriv det ord som fattas!

Välj bland:

roman   torr   konstigt   tung   tyst   byter   vandring   snygga
lifta   vuxen   beställa   skojar   gånger   trivs   verkar

1. Vi har varit ute på en lång _____.

2. Jag är fortfarande våt, det tar tid att bli _____.

3. Hur mycket har du packat? Ryggsäcken är så _____!

4. Det är _____ att han aldrig kommer i tid.

5. Jag har inte läst hans tredje _____.

6. Det hörs inget, här är alldeles _____.

7. Jag _____ alltid kläder när jag kommer hem från jobbet.

8. Är man _____ när man är 18 år?

9. Om det inte finns några biljetter, tänker jag _____ hem.

10. Filmen _____ bra, tycker jag.

11. Måste man _____ bord på restaurangen?

12. Magdalena _____ jättebra i sin nya lägenhet.

13. Johannes är så rolig, för han _____ alltid.

14. Hur många _____ har du varit i Kina?

15. Många unga har _____ kläder tycker mormor.

9:13 Skriv!

Skriv ett långt vykort till en kompis.
De här orden måste finnas med: *och, eller, men, för, så.*
Skriv cirka 100 ord.

Adjektivets komparation §5b		
Komparativ	*Superlativ*	*Superlativ bestämd form*
-are	-ast	-aste
-re	-st	-sta

10:1 Adjektiv komparativ

A. Välj ett av adjektiven här under och skriv det i komparativ! Titta på s. 76–77 i läroboken.

stor ≠ liten	1. Mitt rum är _____ än ditt rum.
glad ≠ ledsen	2. Kalle är _____ än Pelle.
lång ≠ kort	3. Elsas kjol är _____ än Klaras kjol.
tjock ≠ smal	4. Sture är _____ än Sven.
tjock ≠ tunn	5. Min macka är _____ än ditt knäckebröd.
bred ≠ smal	6. Daniels dörr är _____ än Åsas.
bra ≠ dålig	7. Jonas är _____ än Daniel.
varm ≠ kall	8. Kaffet är _____ än glassen.
mjuk ≠ hård	9. Soffan är _____ än stolen.
dyr ≠ billig	10. Bönorna är _____ än kaviaren.
god ≠ äcklig	11. Tårtan är _____ än surströmmingen.
söt ≠ sur	12. Godiset är _____ än citronen.
ung ≠ gammal	13. Harald är _____ än Gunnar.
hungrig ≠ mätt	14. Sven är _____ än Sture.
stark ≠ svag	15. Arnold är _____ än Daniel.

B. Skriv superlativformen i stället för komparativformen från övning A!

1. _____

2. _____

3. _____

4. _____

5. _____

6. _____

7. _____

8. _____

9. _____

10. _____

11. _____

12. _____

13. _____

14. _____

15. _____

C. Komparera också motsatsen till adjektiven i A! Arbeta i par.

10:2 Skriv en konjunktion som passar!

Välj bland: *och, men, för, så.*

1. Han har hittat ett sommarjobb, _____ han behöver mer pengar i alla fall.

2. I övermorgon tänker jag först ta en tur på stan, _____ sedan tänker jag gå ut och roa mig.

3. Jag trivs inte så bra i mitt rum, _____ ingen har städat.

4. De flesta hade beställt platser innan, _____ det fanns nästan inga biljetter kvar till konserten.

5. Jag har redan betalat min biljett på internet, _____ jag vill vara säker på att få plats.

6. Jag tänker forska i medicin, _____ en dag får jag kanske Nobelpriset.

7. Du behöver inte vara orolig, _____ jag skojar bara.

8. Jag vill köra bil i Sverige, _____ därför byter jag till ett svenskt körkort.

9. Jag har inte hunnit göra det än, _____ det får bli en annan gång.

10. Jag får göra klart det här en annan gång, _____ nu hinner jag inte.

10:3 Titta på statistiken

Gå igenom statistiken"Vad barn tycker om lunchen i skolan" och svara på frågorna!

	Rätt	Fel
1. Fler flickor än pojkar äter frukost varje dag.	____	____
2. Majoriteten äter frukost hemma.	____	____
3. De flesta tycker inte om skolmaten.	____	____
4. Fler flickor än pojkar äter frukt i skolan varje dag.	____	____
5. Majoriteten av barnen köper aldrig pizza i stället för lunchen i skolan.	____	____
6. De flesta äter godis i stället för skollunch.	____	____
7. De flesta äter frukt varje dag.	____	____
8. Majoriteten äter middag på kvällen.	____	____
9. Ingen flicka är vegetarian.	____	____
10. Nästan ingen är vegetarian.	____	____

Hur ofta äter du frukost innan skolan börjar?

	Pojkar	Flickor	Totalt
Varje dag	81	76	78
Några dagar i veckan	10	13	12
Nästan aldrig	6	8	7
Aldrig	4	3	3
Summa	101	100	100

När äter du första gången på dagen?

	Pojkar	Flickor	Totalt
Frukost hemma	87	84	86
Köper något på de första skolrasterna på förmiddagen	2	4	3
Lunchen som serveras i skolan	8	9	8
Köper något på lunchrasten	1	1	1
Annat	2	2	2
Summa	100	100	100

Vad tycker du om skollunchen?

	Pojkar	Flickor	Totalt
Mycket bra	10	12	11
Ganska bra	58	58	58
Ganska dålig	22	24	24
Mycket dålig	10	6	8
Annat			
Summa	100	100	101

Hur ofta köper till exempel hamburgare/korv/pizza i stället för att äta skollunch?

	Pojkar	Flickor	Totalt
Varje dag	1	1	1
Några dagar i veckan	7	4	6
Nästan aldrig	37	30	33
Aldrig	54	65	60
Annat			
Summa	99	100	100

Är du vegetarian?

	Pojkar	Flickor	Totalt
Nej	97	96	97
Ja, vegetarian men äter fisk	1	1	1
Ja vegetarian	0	2	1
Ja vegan	2	1	1
Summa	100	100	100

Hur ofta köper du t.ex. frukt, godis, choklad, bullar, glass, dricka i stället för att äta skollunch?

	Pojkar	Flickor	Totalt
Varje dag	2	2	2
Några dagar i veckan	12	10	11
Nästan aldrig	26	25	25
Aldrig	60	62	62
Annat			
Summa	100	99	100

Vad äter du oftast på kvällen?

	Pojkar	Flickor	Totalt
En hel måltid, t.ex. potatis, fisk/ kött/grönsaker, sås, sallad	48	48	48
Några smörgåsar och /fil/ mjölk/dricka	43	41	42
Annat alternativ	10	10	10
Summa	101	99	100

Hur ofta äter du frukt?

	Pojkar	Flickor	Totalt
3 gånger per dag eller oftare	12	16	14
2 gånger per dag	17	24	21
1 gång per dag	22	22	22
5–6 gånger per vecka	12	11	12
3–4 gånger per vecka	13	12	12
1–2 gånger per vecka	14	9	12
Några gånger per månad eller mer sällan	10	6	8
Summa	100	100	101

Brukar du ha med någon frukt till skolan att äta under dagen?

	Pojkar	Flickor	Totalt
Varje dag	8	15	12
Några dagar i veckan	13	28	21
Nästan aldrig	25	29	27
Aldrig	53	28	40
Summa	99	100	100

Källa: Statistiska centralbyrån

10:4 På textilavdelningen

När Daniel köpte bokhyllan såg Åsa jättesnygga lakan och hon köpte

blå   1. ett _____ underlakan,

blå, gul   2. ett _____ påslakan med _____ blommor, och

blå   3. två _____ örngott.

Daniel var trött på sin gamla kudde och sitt täcke så han köpte

randig   4. ett _____ täcke och

mjuk, skön 5. två _____, _____ kuddar.

Eftersom hans handdukar är lite trasiga köpte han också

svart, vit   6. tre _____ och _____ handdukar och

stor, svart, vit 7. ett _____, _____ och _____ badlakan.

10:5 Sammansatta ord

Kombinera orden!

1. möbel ___ a. fartyg

2. sommar ___ b. säck

3. huvud ___ c. byrå

4. segel ___ d. varuhus

5. turist ___ e. prognos

6. lösen ___ f. jobb

7. väder ___ g. ord

8. rygg ___ h. stad

10:6 Skriv adjektiven i komparativ!

låg   1. Jag vill inte arbeta mer och få _____ lön.

mjuk   2. Usch, vilken hård soffa! Jag vill ha en _____.

ljus   3. Jag tycker att den här bokhyllan är för mörk. Jag vill ha en _____.

mysig   4. Åsa tycker att det är _____ med mörka möbler än med ljusa.

stor   5. Jag skulle vilja ha ett _____ köksbord än det här.

gammal   6. Min mobil är _____ än din.

snygg   7. Den här lampan är mycket _____ än den där.

liten   8. Jag har inte plats med mitt stora skrivbord så jag ska köpa ett _____.

10:7 Prepositioner

Välj bland: *till, på, i, av, med, hos, om.*

1. Han sa att han inte visste något _____ datorer.

2. Måste man ha papper _____ hur mycket man har läst?

3. Du kan bo _____ oss om du vill.

4. Torget ligger mitt _____ stan.

5. Det är mysigt _____ röda väggar, tycker jag.

6. Hon köpte den snyggaste väskan _____ alla, men den var inte på rea.

7. Jag vill inte lyssna _____ dina ursäkter mer.

8. Tänd lampan när du går in _____ rummet.

9. Jag satt inte uppe och väntade _____ dem, för jag visste att det skulle bli sent.

10. Du kan väl ringa _____ oss när du har kommit fram.

Reflexiva pronomen   § 6b

Jag kammar mig.
Du måste skynda dig.
Han bestämmer sig.
Hon gifter sig.
Vi skiljer oss.
Ni sätter er.
De lägger sig.

10:8 Reflexiva pronomen

1. Åsa och Daniel tycker om att roa _____.

2. Harald, du måste tvätta _____ innan du äter.

3. Britta klippte _____ i går.

4. Ni är välkomna! Sätt _____ i soffan!

5. Vad gör Bo? Han rakar _____.

6. De har lärt _____ svenska i Sverige.

7. Vi bestämde _____ för att resa till Kreta.

8. Anders och Lisa ska gifta _____ på lördag.

9. Hur mår du? Jag känner _____ inte så bra.

10. Daniel pluggar till en tenta, men han har svårt att koncentrera _____.

11. Hur dags går du och lägger _____ på kvällen?

12. Vi måste ta av _____ skorna innan vi går in.

13. Sofia och Tobias har skilt _____.

14. Klockan är mycket. Vi måste skynda _____!

15. De reste _____ upp och skrek när deras fotbollslag gjorde mål.

10:9 Skriv ett kort mejl!

Daniel var och handlade på det stora varuhuset. När han kom
hem hade han bara en handske med sig.
Han gick in på varuhusets sajt på internet.
Under rubriken "Tappat något?" läste han:

Kontakta oss via mejl om du har tappat något.
Beskriv vad det är du har tappat.
Glöm inte lämna ditt namn och telefonnummer.

Daniel skrev ett mejl och beskrev sin svarta handske.

Uppgift: Du har tappat något på varuhuset och skriver ett kort mejl där du beskriver det.

10:10 Vilket ordningstal?

1. Pelle bor på (9) _____ våningen.

2. Daniel har en tenta var (6) _____ vecka.

3. Nisse fick silver för han kom på (2) _____ plats.

4. Malin har köpt en ny mobil. Det är hennes (3) _____ mobil i år.

5. Asta fick en baby i går. Det är hennes (4) _____ barn.

10:11 Verbformer

Lär dig först formerna av verben skriva – stjäla i verblistan i studieboken
och gör sedan övningen!

skriva   1. I dag har Sven _____ två artiklar.

skära   2. – Kan du _____ upp brödet!

slippa   3. John vill helst _____ laga mat i dag.

slå   4. Han _____ i knät när han föll av cykeln.

snyta   5. Nu har jag _____ mig minst hundra gånger!

sova   6. Har du _____ gott?

springa   7. Viktor _____ så fort han kunde.

sticka   8. Vi _____ till Oslo förra helgen.

stiga   9. Priset på flygbiljetterna har _____ flera gånger i år.

stjäla   10. Någon har _____ Emmas cykel.

10:12 Skriv!

advokat   sekreterare   läkare   meteorolog   massör   arkitekt
snickare   programmerare   journalist   ingenjör   lärare
säljare   bartender   skådespelare   städare

Du söker jobb. Här är tre platsannonser. Välj en av dem och skriv
ett litet personligt brev. Berätta vad du heter, hur gammal du är, vad
du är intresserad av och vad du gör på din fritid, lite om din familj
och varför just du passar för jobbet. Använd många adjektiv!
Titta på sidan 90 i läroboken hur man börjar ett formellt brev.
Skriv cirka 100 ord.

Programmerare

Vi söker dig som har ett stort intresse av programmering
och problemlösning. Du tycker om att arbeta självständigt
och du tycker att det är spännande med nya
programmeringsmiljöer. Du kommer att arbeta med
webbutveckling.

Mejla ditt cv till Stefan Ekblad och berätta lite om
dig själv: datornördnu@data.se

Massörer

Dalköpings Spa söker två massörer.
Du ska kunna thaimassage och ha SPA-
och thaimassageutbildning. Du måste
även kunna tala och förstå svenska och
engelska.

Är du intresserad ska du kontakta Elisa:
elisa@spa.se

Journalist

Dalköpings Dagblad söker en nyfiken och framåt journalist.
Du ska skriva om lokala nyheter i Dalköping och du ska också
vara flexibel och kunna jobba med nättidningen ibland.
Hör av dig med cv till Katarina Pettersson: dd@tidningen.se

11:1 Välj rätt bisatsinledare!

Välj bland:

medan	eftersom	tills
innan	att	för att
när	som	
trots att	därför att	

1. Daniel vaknar _____ väckarklockan ringer.

2. Åsa läser tidningen _____ hon äter frukost.

3. Jonas fixar lunch _____ han gillar matlagning.

4. Daniel stiger upp tidigt _____ hinna till tåget i tid.

5. _____ de inte har någon segelbåt får de låna Pelles.

6. Pelle har en fin segelbåt _____ man kan sova i.

7. Daniel säger _____ han älskar Åsa.

8. De stannar uppe _____ solen går ner.

9. Daniel läser mycket _____ han har en tenta.

10. Hon tittar på filmen _____ den är tråkig.

11:2 Prepositioner

Välj bland: *i, med, hos, till, för, på.*

1. Vad ska du ha på dig _____ festen?

2. Tack _____ senast! Det var en trevlig fest!

3. De är hemma _____ Åsas föräldrar.

4. Erik är _____ gott humör i dag.

5. De dricker kaffe _____ hembakade kakor.

6. Passar den här klänningen _____ mina skor?

7. De äter avokado _____ räkor.

8. När _____ dagen äter du middag?

9. De äter glass _____ efterrätt.

10. Vinner ni ofta _____ schack?

11:3 Att förklara ett problem i affären

Arbeta i par!

A går till affären där B arbetar. A har ett problem och förklarar för B.
Vad säger ni till varandra? Gör fler dialoger, byt roller.

Använd till exempel de här orden:
Jag har köpt / har fått de här jeansen / den här tröjan / de här hörlurarna.
De är för små / för stora / har fel färg / passar inte / fungerar inte.
Jag vill byta / lämna tillbaka / ha något annat.
Jag har med mig / glömt / kastat kvittot.

11:4 Skriv adjektiven i komparativ!

1. gammal   Anna är ett år _____ än Anders.

2. dyr   Bokhyllan blev _____ än Henrik hade planerat.

3. intressant   Är det _____ att läsa kemi än att läsa matematik?

4. bra   Jag tycker att boken är _____ än filmen.

5. god   Är pasta _____ än potatis?

6. hungrig   Jag är _____ på morgonen än på kvällen.

7. vacker   Många tycker att röda rosor är _____ än gula.

8. sjuk   Det finns inget _____ än en förkyld man, säger Margit.

9. liten   Hugos lägenhet är _____ än Oskars.

10. intresserad   Han är _____ av teater än film.

11:5 Skriv adjektiven i obestämd eller bestämd form superlativ!

1. dålig   Vilken är den _____ film du vet?

2. snygg   Daniel tyckte att den vita bokhyllan var _____ av alla.

3. känd   Vad heter den _____ personen från ditt land?

4. orolig   Vem är _____ för Daniel, mamma eller pappa?

5. konstig   Daniel tyckte att det _____ med fjällen var att det aldrig blev mörkt.

6. hög   Jonas och Daniel såg Sveriges _____ berg, Kebnekaise.

7. gammal   Vem är _____, farmor eller mormor?

8. bra   Det _____ jag vet är att sova länge på morgnarna.

9. ung   Vem är _____ i familjen?

10. spännande Det var den _____ dagen i mitt liv.

	← NU →	
i morse	i dag	i kväll
i går		i morgon
i går morse		i morgon bitti
i går kväll		i morgon kväll
i förrgår		i övermorgon
i onsdags		på onsdag
förra veckan	den här veckan	nästa vecka
i höstas		till hösten
i fjol	i år	nästa år
för två år sedan		om två år

11:6 Tidsuttryck

Vilket uttryck ska bort?

A. 1. När kommer du?
   a. i dag
   b. i förrgår
   c. den här veckan
   d. om tre dagar

2. När ska du börja jogga?
   a. i tisdags
   b. i kväll
   c. till hösten
   d. om en månad

3. När kollade du din mejl?
   a. för en vecka sedan
   b. i går kväll
   c. förra veckan
   d. på tisdag

4. När diskade du?
   a. i morse
   b. i fjol
   c. i förrgår kväll
   d. om en vecka

5. När kom du hem från festen?
   a. i går morse
   b. för tre timmar sedan
   c. i övermorgon
   d. i går kväll

6. När ska du tenta?
   a. till hösten
   b. i höstas
   c. nästa vecka
   d. på fredag

B.   Skriv meningar med tidsuttrycket!

1. Nästa vecka _____.

2. _____ i går kväll.

3. Förra veckan _____.

4. _____ i övermorgon.

5. I morse _____.

11:7 Skriv meningar!

Använd orden och gör meningar med rätt ordföljd!

Gunilla aldrig gifta sig tänker fastän gärna barn hon ha vill

1. _____.

Torbjörn lägenheten köpte trots att var den dyr

2. _____.

Kunden jackan byta ville eftersom passade inte den

3. _____.

Daniel dag varje Åsa till sms:ade när var på han semester

4. _____.

Peter alltid sjunger medan duschar han

5. _____.

Fredrik av skjortan ta sig måste för att kunna doktorn ska på lungorna lyssna

6. _____.

Sabina Tomas ihop och bo ska innan gifter de sig

7. _____.

Katarina gå inte brukar doktorn till när bara förkyld är hon

8. _____.

Det mysigast är om är nya för möblerna inte och moderna

9. _____.

Tar en alltid de promenad lång innan ska äta de söndagsmiddag

10. _____?

11:8 Verbformer

Lär dig först formerna av verben stå – vilja i verblistan i studieboken
och gör sedan övningen!

| stå | 1. Kurt _____ och väntade på sin fru i en halvtimme. |

svida   2. Jag är förkyld och det _____ i halsen.

svälja   3. Oj, jag råkade _____ tuggummit!

säga   4. Det har jag aldrig _____!

sälja   5. Sara har _____ sin gamla bil.

sätta   6. Gunnar _____ sig vid bordet och drack kaffe.

ta   7. Ebba _____ en taxi till stationen i morse.

vara   8. Har du aldrig _____ i Göteborg?

veta   9. Jag _____ inte att du inte talade svenska.

vilja   10. Rut sa att hon inte _____ ha hjälp.

11:9 Korsord

Lös korsordet med hjälp av förklaringarna!

Vågrätt

5. Äter man efter varmrätten
6. Ett litet rött bär
7. Har man vin i
8. Att ställa tallrikar och annat på bordet
9. Dricker man ur

Lodrätt

1. Mitt i staden
2. Synonym till speciellt
3. Tycka mycket om
4. Synonym till cirka
10. Pengar man betalar till staten

11:10 Skriv!

Skriv en uppsats som heter "En vanlig söndag". Skriv cirka 100 ord.

12:1 Satsadverb

Placera satsadverbet i huvudsatserna eller i de *kursiverade* bisatserna!

| ofta | 1. Brukar de äta söndagsmiddag tillsammans? |

ofta   1. Brukar de äta söndagsmiddag tillsammans?

alltid   2. Efter maten dricker de kaffe.

tyvärr   3. Boken var slut i bokhandeln.

också   4. Pontus sa *att han ville bli polis* när han var barn.

aldrig   5. Kommer hon i tid?

kanske   6. Frida ska läsa fysik nästa termin.

inte   7. *När de tittar på tv*, spelar de dataspel.

bara   8. Doktorn sa *att Margareta var förkyld.*

nog   9. I morgon blir det bättre väder.

inte   10. Astrid kunde inte följa med till Norrland *eftersom hon hade semester.*

12:2 Ett biobesök

A. Sortera de här uttrycken från positivt till negativt:

så där, toppen, botten, ganska bra, väldigt bra, hemsk

1. _____   4. _____

2. _____   5. _____

3. _____   6. _____

B. Du har varit på bio. Sätt betyg på filmen och hitta själv på en symbol till exempel hjärtan, solar, stjärnor. Motivera ditt betyg med maximalt 15 ord.

Mitt betyg: _____

Min motivering: _____

_____

12:3 Ett tackkort

Du har varit på kalas. Ett par dagar efter vill du skriva ett tackkort.
Vad skriver du? Skriv högst 20 ord.

12:4 Konjunktioner

Välj en konjunktion som passar!

för	för att	men	trots att	så
innan	när	om	tills	som

1. I går kväll var de på en fest _____ var mycket trevlig.

2. Hon var hungrig, _____ hon åt bara en portion.

3. _____ de har ätit, dukar de av bordet.

4. Studenterna går ofta på en förfest _____ de går ut på kvällen.

5. Han drack inte vin till maten _____ han skulle köra bil hem.

6. Hon frågade gästerna _____ de ville dansa efter maten.

7. Han stannade på festen _____ alla andra hade gått hem.

8. Vad gör du _____ hålla dig i form?

9. De är pensionärer _____ de har tid att göra precis vad de vill.

10. Hon köper maten på internet _____ det blir lite dyrare.

12:5 Skriv meningar

Använd orden och gör meningar med rätt ordföljd!

Elin tablett tagit en har *så* över snart går huvudvärken nog

1. _____.

Erik aldrig med till disken hjälper *men* Daniel han gärna spelar med schack

2. _____.

Selma inte kemikursen gick på i dag *för* sig hon inte frisk riktigt kände

3. _____.

Joel inte skriva att gillar uppsats *för* så stava inte kan han bra

4. _____.

Freja mamma till ofta sin ringer *för att* orolig ska vara hon inte

5. _____.

Om möter en du björn inte skrika springa ska eller du

6. _____.

Barnen skollunchen inte åt *trots att* faktiskt god var den

7. _____.

Daniels blir bra så inte foton *därför att* alltid lite försöker han artistiskt fotografera

8. _____.

Amanda fotbollsmatch på går nästan aldrig *fastän* verkligen fotboll av intresserad är hon

9. _____.

August så inte pengar mycket har *eftersom* studiemedel bara han har

10. _____.

12:6 Partiklar

Skriv en partikel som passar!

Välj bland: *in, av, upp, i, om, fram, med.*

1. Jag måste ta _____ mig jackan, för det är så varmt.

2. Ellen går _____ i rummet.

3. Jag tycker _____ att gå en lång promenad i skogen på söndagarna.

4. De måste stiga _____ tidigt hela nästa vecka.

5. Han har redan druckit _____ kaffet.

6. Jag tar alltid _____ mig lunch som jag äter på jobbet.

7. De kommer _____ till Ystad på eftermiddagen.

8. Kan ni fylla _____ blanketten?

9. Kan du duka _____ bordet och diska?

10. Sköt _____ dig!

12:7 Gör frågor till svaren!

Jämför sedan frågorna med någon annans.

1. _____? Nej, det har jag glömt.

2. _____? Ja, det tycker jag mycket om.

3. _____? Ja, det gör jag.

4. _____? I fem månader.

5. _____? Nej, där har jag aldrig varit.

6. _____? Ungefär en gång i veckan.

7. _____? För en vecka sedan.

8. _____? Nej tack, det är bra så.

9. _____? Nej, det vet jag inte.

10. _____? Ja, det får du.

12:8 Svara med ett sms!

Du har fått massor av nya meddelanden på din telefonsvarare, men svarar
bara på tre av dem med ett sms. Varje sms ska vara på ungefär tio ord.
Välj bland de här meddelandena:

1. Har du tid att ses på lunchen i dag? Möt mig utanför jobbet eller ring mig om
   det passar bättre en annan dag.

2. Har du lust att gå ut och äta en macka på lunchen? Vi kan väl ses på mitt kontor
   kvart över tolv?

3. De har spaghetti med köttfärssås i matsalen i dag. Jag vill hellre gå och köpa
   en pizza. Hänger du med? Ring före halv tolv.

4. Jag kan inte komma i morgon för jag har en tid hos tandläkaren kvart i elva.
   Har vi sidan 42 i läxa?

5. Jag kommer lite senare i eftermiddag för jag ska klippa mig tjugo
   i fyra. Vill du skala potatisen?

6. Jag har bokat två biljetter till filmen som börjar kvart över nio på Filmstaden.
   Hör av dig senast sju om du inte kommer.

7. Jag har bokat fyra biljetter till filmen som börjar halv åtta. Kan vi träffas
   utanför bion en halvtimme innan?

8. Jag har inte hunnit boka biljetter till filmen. Du kan väl ringa och beställa
   till oss båda? Köp lite godis åt mig också. Vi ses där.

Svar till nr. _____

Svar till nr. _____

Svar till nr. _____

12:9 Verbformer

Lär dig först formerna av verben vinna – äta i verblistan i studieboken
och gör sedan övningen!

vinna   1. Ola _____ över Tor när de spelade Nintendo.

välja   2. Jakob kunde inte _____ vilka jeans han ville ha.

vänja   3. Jag kan inte _____ mig vid det nya typsnittet.

växa   4. Harald har _____ mycket det senaste året.

äta   5. Bodil _____ flingor med mjölk till frukost i morse.

12:10 Skriv!

Skriv en uppsats som heter "Min bästa dag". Skriv cirka 100 ord.

Jag kan …

Sätt kryss i rutorna när du kan det här:

TALA

- ☐ berätta vad jag tycker om/inte tycker om att göra.
- ☐ berätta vad jag gör en vanlig dag.
- ☐ berätta om och beskriva platsen där jag bor.
- ☐ berätta något om min familj.
- ☐ berätta om mig själv och mina intressen.

PRATA MED ANDRA

- ☐ prata med andra om vad vi ska göra när vi träffas.
- ☐ hälsa och berätta hur jag mår.
- ☐ beställa något att äta och dricka.
- ☐ fråga om eller berätta vad något kostar.
- ☐ säga vad jag gillar/inte gillar.
- ☐ delta i enkla samtal.
- ☐ be om hjälp.

LÄSA

- ☐ läsa och förstå enkla meningar på affischer.
- ☐ läsa och förstå vykort eller korta brev.
- ☐ läsa och förstå korta enkla faktatexter.
- ☐ läsa och förstå enkla texter som beskriver vad man ska göra.
- ☐ läsa och förstå det viktigaste i korta enkla berättelser.

SKRIVA

- ☐ skriva enkla texter om personer och platser.
- ☐ skriva korta meddelanden och enkla brev.
- ☐ skriva och berätta om mig själv och mina intressen.
- ☐ skriva enkla frågor om välkända saker.

LYSSNA

- ☐ förstå när någon talar till mig långsamt och tydligt.
- ☐ följa en enkel beskrivning.
- ☐ förstå en del när någon talar om sig själv, sin familj och sina intressen.
- ☐ uppfatta lite av vad en intervju på tv handlar om.

Facit

Avsnitt 1

1:2
1. cyklar   går
2. flyger åker
3. springer   kör/åker

1:3
1. förstår inte.
2. jag talar inte svenska.
3. han talar inte engelska.
4. jag är inte från Sverige.
5. vi bor inte i Stockholm.

1:4
i går	i morgon
i augusti	på onsdag
för tre dagar sedan	i augusti
i söndags	om en månad
för ett år sedan	om två år
i lördags	på torsdag

1:5
A. åtta
B. sjuttioåtta
C. tretton
D. etthundratjugofyra
E. fjorton
F. tvåhundrasextionio
G. arton
H. fyrahundratrettioåtta
I. tjugosju
J. fyrtiofem
K. tvåtusenfyrahundranittiofem

1:6
1. Jag
2. Vi
3. De
4. Det
5. Den
6. ni
7. Hon
8. Han

1:7
Du kan till exempel skriva så här:
Pernilla Andersson är från Sverige.

Hon är 24 år och läser medicin på Umeå universitet.
Pernilla bor på Norregatan 7 i Umeå. Hon talar svenska, engelska och franska.

Avsnitt 2

2:1
1. studerar
2. talar
3. heter
4. gör
5. kör
6. spelar
7. lyssnar
8. tittar
9. åker
10. sover
11. cyklar
12. läser
13. dricker
14. bor
15. köper

2:3
1. Kvart över sju (på morgonen).
2. Halv tio.
3. Kvart i tre.
4. Kvart över sju (på kvällen).
5. Halv tolv.
6. Kvart i två (på natten).

2:4
Du kan till exempel skriva så här:

– Hej! Hur är det?
– Hejsan! Bara bra. Och du?
– Bra tack.

– Tjänare! Hur är läget?
– Tjena! Fint. Du då?
– Under kontroll.

– Hej Bengt-Åke!
– Nej, men hej. Hur har du det?
– Tack bra.

– God dag. Hur står det till?
– Tack, bara bra. Och du själv då?
– Tack, det är bra.

2:5
1. arbetade
2. lyssnade
3. spelade
4. pratade
5. skrattade
6. ringde
7. rökte
8. köpte
9. läste
10. körde

2:7

V	H	L	Ö	A	T	O	A	D	W	M	Ä	W	R	H	Ä	L	S	A	R	P	Z	K	B	J
P	Q	Z	D	I	I	S	K	R	I	V	E	R	Z	Ä	N	S	P	T	A	O	G	F	E	K
R	M	P	Y	Ö	T	P	Ö	Q	G	G	Z	V	D	R	N	S	V	Z	Q	Å	J	K	B	A
A	N	L	I	T	T	G	H	S	C	Q	Z	I	B	B	V	S	Z	T	G	D	U	Ö	L	Ä
T	K	G	Ä	L	A	R	H	C	Z	F	U	Q	R	E	P	K	O	N	F	E	B	P	N	G
A	S	Å	S	I	R	Å	R	Å	Q	O	Q	U	D	T	H	R	A	V	S	R	K	R	O	X
R	D	R	S	G	Q	T	R	P	T	E	G	Z	F	A	R	A	G	A	D	S	K	R	O	X
B	Z	Q	W	G	U	E	Ö	U	S	A	R	Q	E	R	Ä	T	E	R	Ä	O	W	O	J	L
P	O	H	O	E	P	R	K	F	P	C	Ö	C	S	I	T	T	E	R	Å	V	Ä	F	C	Ä
H	T	O	U	R	K	X	E	S	E	Å	Å	J	O	G	X	A	X	R	E	E	A	T	M	S
R	I	A	C	A	V	S	R	Å	L	K	Å	F	Ö	K	X	R	H	G	F	R	Y	W	Z	E
L	O	Ä	V	Q	W	V	O	U	A	X	S	T	Ä	R	N	A	E	D	L	P	Q	W	R	R
R	D	O	A	W	B	Ö	G	P	R	N	D	A	L	Y	S	S	N	A	R	F	N	J	I	J
R	K	C	Q	J	S	O	O	K	I	P	Ä	L	E	K	E	R	Ä	U	Z	F	F	D	N	W
R	F	K	L	F	D	S	Ä	L	J	E	R	F	I	S	P	R	I	N	G	E	R	Q	G	X
C	R	B	B	F	N	N	E	Å	H	Ä	X	B	H	K	C	Å	Ö	O	Z	P	X	T	E	H
N	R	Z	P	Ö	P	A	K	X	U	Z	Å	N	C	Z	D	R	I	C	K	E	R	L	R	Q

Avsnitt 3

3:1
1. henne
2. den
3. honom
4. dem
5. er
6. oss
7. mig
8. dig

3:2
1. Daniel har inte packat ryggsäcken.
2. Han har skrivit en lång lista.
3. Vad gjorde han i går?
4. Nu sitter han och kollar sin lista.
5. Vad tänker han på?
6. Han måste ringa till Jonas.
7. Har han packat en varm tröja?
8. Daniel har inte så mycket pengar.
9. På torsdag kväll ska Daniel och Åsa äta middag.
10. Vem ska betala middagen?

3:3
1. gick
2. stod
3. skrev
4. sov
5. låg
6. sålde
7. åt
8. satt
9. drack
10. sprang

3:4
A. tio över tolv
B. fem i elva
C. fem över halv åtta
D. tio i sju
E. tjugo över sju
F. tjugo i tolv
G. fem över tre
H. fem i halv fem
I. halv tio
J. fem över halv tre

3:5
1. tvättat
2. köpt
3. skrivit
4. ringt
5. cyklat
6. läst

3:6
1. kom
2. har läst
3. åka
4. talade
5. hade
6. arbeta
7. ringer
8. sprang
9. flyttar
10. har kört

3:9
1. till
2. I, till
3. till, i
4. på
5. i
6. med
7. för
8. på
9. På
10. på
11. i / till
12. med
13. i
14. på
15. hos

3:10
Vågrätt:
4. svåger
6. farmor
8. kusin
9. morfar
10. farbror

Lodrätt:
1. svägerska
2. syskon
3. morbror
5. syster

6. faster
7. moster

Avsnitt 4

4:1
1. en veckan veckor veckorna
2. en bussen bussar bussarna
3. en pojken pojkar pojkarna
4. en kursen kurser kurserna
5. ett fotot foton fotona
6. ett namnet namn namnen

4:2
1. flickor
2. rum
3. telefoner
4. bilar
5. pojkar
6. tjejer
7. filmer
8. klockor
9. gardiner
10. foton
11. bord
12. stolar
13. år
14. dagar
15. böcker

4:3
1. i mitten
2. mellan
3. framför
4. bakom
5. till höger om … till vänster om

4:4
1. Hur många rum har Daniels lägenhet?
2. Är lägenheten liten eller stor?
3. I köket har han ett bord och två stolar.
4. I rummet finns två stora fönster.
5. Sängen står inte mitt i rummet.
6. En matta ligger på golvet framför soffan.
7. Var står Daniels dator?
8. I taket hänger en stor lampa.
9. Vad har Daniel på väggarna?

10. I badrummet har han inte ett badkar.

4:5
1. en staden städer städerna
2. en sängen sängar sängarna
3. en flickan flickor flickorna
4. ett året år åren
5. en dagen dagar dagarna
6. en kusinen kusiner kusinerna

4:6
1. veckan
2. Månaderna
3. golvet
4. väggarna/väggen
5. fåtöljen
6. Filmen
7. skrivbordet
8. köket
9. tröjan … jeansen
10. semestern
11. skolan
12. Lägenheten
13. universitetet
14. kylskåpet
15. Barnen

4:7

står:	hänger:	ligger:
fåtölj	affisch	matta
bord	gardin	penna
dator	spegel	papper
telefon	tavla	
byrå	lampa	
lampa		

4:8
1. sitter, skriver/satt, skrev
2. drack
3. tala
4. gjorde
5. komma
6. spelade
7. spela
8. sålde
9. sa/sade
10. åker
11. tittade
12. Rök

13. köpt
14. köra
15. bodde
16. reser
17. flyttat
18. haft
19. packat
20. gillar

4:10

A	B	P	S	Q	B	G	K	E	Y	U	J	N	J	Z	E	X	N	G	P	B	J	B	E	E
H	D	F	J	F	P	G	H	F	Å	T	Ö	L	J	Y	P	D	J	O	Ä	H	Å	T	C	H
G	Q	H	D	H	C	A	I	G	E	R	E	Z	E	Ö	H	D	L	G	Å	X	F	J	K	Z
F	C	X	B	G	J	R	A	Ä	B	Ä	A	V	D	Ö	O	J	G	I	C	D	J	S	P	C
M	S	R	Y	R	Ö	D	Y	Y	H	O	O	Ä	V	P	K	Y	L	S	K	Å	P	Z	C	M
P	K	H	R	O	B	I	H	O	S	S	Q	C	A	R	Ä	M	N	S	Ö	L	Q	E	Q	X
E	R	Y	Å	G	Ä	N	B	R	L	S	G	K	Y	L	B	O	R	D	P	Ö	B	O	X	M
N	I	M	A	T	B	O	R	D	M	J	D	A	N	Q	A	D	T	C	L	A	M	P	A	A
F	V	S	Q	F	F	B	N	Ö	H	A	M	R	J	A	X	A	S	K	Å	P	F	Z	V	T
B	B	F	A	D	B	T	E	Ä	M	S	Z	K	S	S	X	T	G	I	S	Z	Z	Y	Y	T
H	O	F	T	K	R	L	L	I	H	Y	P	L	R	Y	Q	O	U	K	V	C	I	V	Ö	A
E	R	U	S	O	F	F	A	B	D	Ä	V	O	V	D	A	R	Ö	H	Y	V	H	V	Ä	D
E	D	A	F	G	G	E	P	K	F	P	K	C	T	Å	Å	N	S	P	E	G	E	L	O	Å
H	Z	T	D	P	J	Ä	F	O	E	G	A	K	L	R	P	S	P	I	S	J	N	D	U	Z
Z	Å	M	Y	R	A	D	I	O	B	T	M	A	Å	J	H	Ö	Q	Y	C	Ä	A	C	K	G
X	M	Q	S	A	Y	I	H	D	Y	Z	A	F	F	I	S	C	H	D	S	Ä	N	G	F	Y
J	U	X	F	E	T	Ä	G	Q	O	K	F	S	T	O	L	N	V	M	N	O	I	H	E	V

Avsnitt 5

5.1
1. c. juice
2. d. päron
3. c. fralla
4. a. sill

5:2
A.
ett bröd, 4 äpplen,
(en flaska) ketchup, (ett paket) färs,
2 kanelbullar, 6 ägg, 3 tomater,
(ett paket) pasta, 5 lökar,
(2 liter) mjölk
B.
I kylskåpet: t.ex. mjölken, ketchu-
pen, äggen, färsen, löken, äpplena.
I köksskåpet: t.ex. tomaterna,
pastan, brödet, kanelbullarna

5:4
1. Hon äter en kaka eller en bulle till eftermiddagskaffet.
2. Vill du ha te eller kaffe?
3. Hon tycker inte om att laga mat.
4. På restaurangen kan de äta fisk och skaldjur.
5. Vad längtar du efter?
6. Daniel vill ha korv eller ost på mackorna.
7. Skulle du vilja ha ett glas vin?
8. Åsa tycker inte så mycket om öl.
9. Vad åt du till frukost i morse?
10. Efter restaurangbesöket gick de hem till Daniel och drack kaffe.

5:5
1. B.
2. A.
3. F.
4. C.
5. D.
6. E.

5:6
1. min
2. er
3. sina
4. vår/våra
5. Mitt
6. sina
7. hans
8. dina
9. ert
10. deras
11. Min
12. er

5:7
1. i
2. på
3. med
4. av
5. i
6. om
7. Mellan
8. I
9. bakom
10. över, på

5:8
1. din, min
2. hans, sin
3. sin, Hennes
4. sin, Hans
5. mina
6. sin, sina, dina
7. era, våra
8. sin, hans
9. deras
10. sina

5:9

```
M K F Å N F X Q J C E L C U E X E C G Y P G E Z Ö
Ä S U L Ä U P L Ö K R N Ä L Ä Q Z B U L L E X M J
T M O T Q O O B D N U B G T P K Y B T Z K M L I Y
H Ö G Z N T S A Ö K C L G J E O Ä M O R O T L B P
H R D Ö U O T N G J R K D Q L T P J N F Ö B M Z Y
Z D O Z D I C A N V A L I A S Z K Y C K L I N G V
Q F K H I K X N X M U Z J P I S V S L R E Z D U L
T L O K Q X J V S J G C S P N Ä X G B Q K M B V M
O Ö R K Ö Y R Z H Ö G N M L G P A P R I K A T A J
M Å V N E H Å L O L Å M I E V Y D H I G U R K A T
A K H C Z Z F L Ö K J X C S A L L A D Ö Z M G H F
T B R Ö D G F C D U O J S L G C E R R X T E G K Å
G Z V G F L Ä F I S K J I L N T Y E J Y Y L M V Å
L Å Y P Z Ä T G A C A I Y Q E S O M M Å A A G J M
X P M D N R X P B F U A D F B D Z T B D P D J Q B
Y Z E E S X C J Q M P O T A T I S Ä R D Ä X V B U
E Z I D D I Y T Ö X O Ä K Q P R F I P Q S H V K C
```

Avsnitt 6

6:1
1. Först lagar han mat, och sedan äter han.
2. Först duschar han, och sedan klär han på sig.
3. Först springer han till tåget, och sedan åker han tåg.
4. Först äter han, och sedan diskar han.
5. Först cyklar han till universitetet, och sedan studerar han.

6.2
1. Ja, det är jag. / Nej, det är jag inte.
2. Ja, det gör jag. / Nej, det gör jag inte.
3. Ja, det gör jag. / Nej, det gör jag inte.
4. Ja, det kan jag. / Nej, det kan jag inte.
5. Ja, det får du. / Nej, det får du inte.
6. Ja, det vill jag. / Nej, det vill jag inte.
7. Jo, det ska vi. / Nej, det ska vi inte.
8. Ja, det gjorde jag. / Nej, det gjorde jag inte.
9. Ja, det har jag. / Nej, det har jag inte.
10. Ja, det gör jag. / Nej, det gör jag inte.

6:3
1. Hur dags ringer din väckarklocka på morgonen?
2. Tycker du inte om att åka tåg?
3. Stiger du upp tidigt eller sent på söndagarna?
4. Är du intresserad av fotboll?
5. Brukar du gå på puben och dricka öl?
6. Får jag fråga en sak?
7. Varifrån går tåget till Stockholm?
8. Hur ofta träffar du dina kompisar?
9. Duschar du på morgonen eller på kvällen?
10. Är affärerna inte öppna efter åtta?

6:4
Till exempel:
1. nästan aldrig
2. ofta
3. alltid
4. nästan alltid

5. aldrig
6. ibland
7. nästan aldrig
8. alltid
9. ofta
10. aldrig
11. ofta, sällan
12. sällan

6:5
1. i
2. i
3. om
4. om
5. i
6. i
7. om
8. i

6:6
A
1. När han torkar sig.
2. När han badar.
3. När han borstar tänderna.
4. När han tvättar håret.
5. När han tvättar sig.

6:7
1. dem
2. den
3. honom
4. mig
5. henne
6. mig
7. er
8. dig

6:8
1. till
2. utanför
3. till
4. på
5. av
6. efter
7. om
8. med
9. till
10. på, i

6:9
1. bad
2. bitit
3. bjöd
4. blev
5. brann
6. bära
7. borde
8. drack
9. dött
10. fallit

6:10
1. semester
2. väckarklocka
3. möta
4. stiga upp
5. skärgård
6. låna
7. fortfarande
8. kul
9. helgen
10. öppet
11. väntade
12. syster
13. provat
14. tid
15. tråkiga

Avsnitt 7

7:1
1. Får/Kan, vill
2. kan/tänker
3. ska/får
4. måste ... vill/tänker/ska
5. Kan
6. vill/kan/tänker
7. ska/måste/får
8. tänkte
9. kan/vill/måste, vill/får
10. Får

7:2
1. gick
2. plocka
3. sjöng
4. jagat
5. spelade
6. tränat

7. gympade
8. joggat
9. åkte
10. haft

7:3
1. Kom inte för sent!
2. Lägg dig tidigt!
3. Sov i 8 timmar!
4. Ät mycket frukt!
5. Drick inte läsk!
6. Duscha när du kommer hem!

7:4
1. är
2. kommer att
3. regnade
4. blåst
5. sken
6. snöa
7. ösregnade
8. fryser
9. snöat
10. skiner

7:5
1. Har du stigit upp än?
2. Har du ätit frukost?
3. Har du duschat?
4. Har du bäddat?
Till exempel:
5. Har du klätt på dig?
6. Har du gjort läxan?

7:6
1. vacker
2. gammal
3. billig
4. ledsen
5. gammal
6. mjuk
7. tjock
8. smal
9. smal
10. söt
11. kall
12. god
13. trött
14. sjuk
15. svag

16. dålig
17. låg
18. hungrig
19. lätt
20. kort
21. lätt
22. krokig
23. ljus
24. liten
25. tråkig

7:7
1. litet
2. vitt
3. nytt
4. gamla
5. svarta
6. röda
7. smutsigt
8. halv
9. kallt
10. vackra

7:8
Till exempel:
1. en kort, blå kjol
2. ett par jättesnygga jeans
3. en billig, röd kavaj
4. en söt, randig tröja

7:9
1. ny
2. intressanta
3. sköna
4. litet
5. söta
6. dyra
7. ljusa
8. svarta
9. gamla
10. vackra

7:10
1. svarta pennan
2. gamla cykel
3. små barn
4. ny diskmaskin
5. ljusa rocken
6. bruna kavaj
7. randiga linne

8. dåliga musiken
9. fin tröja
10. vita strumpor

7.11
1. farit
2. finna
3. fanns
4. flugit
5. fick
6. försvann
7. gav
8. gladde
9. Grät
10. gick

7:12
1. ö
2. tält
3. ha med
4. drycker
5. lagom
6. bädda
7. sätta upp
8. lön
9. skuggan
10. råd
11. skön
12. alldeles
13. motionerar
14. heller
15. i alla fall

7:13

I	Z	R	Z	K	L	H	Å	Å	A	Ö	Y	A	P	T	K	A	V	A	J	G	C	F	J	Ö
T	G	Å	R	I	N	O	B	N	L	Y	O	K	X	B	C	R	Y	L	L	X	U	U	A	D
X	Q	F	N	H	K	A	P	P	A	I	J	B	O	C	Y	J	H	I	B	G	I	I	C	R
R	R	B	K	J	O	L	K	N	Y	Ö	B	C	I	Å	Ö	G	J	N	Q	Ä	S	J	K	Ä
S	C	I	Q	I	G	R	Ö	A	B	S	P	Y	J	K	R	V	H	N	Ä	A	K	T	A	J
Z	Z	K	T	R	Ö	J	A	G	Q	A	B	B	Ä	L	T	E	B	E	C	C	J	Ä	U	Ä
V	P	I	U	E	D	Ä	J	X	M	S	K	O	M	E	Q	I	V	I	L	L	O	V	N	G
N	Y	N	I	O	H	A	N	D	S	K	E	H	T	O	R	J	Ä	U	A	L	R	A	I	Z
B	J	I	M	Å	D	G	J	Å	D	X	H	A	L	S	D	U	K	M	E	A	T	N	B	E
I	A	D	J	Y	A	T	K	M	A	N	J	L	E	O	L	B	E	I	U	U	A	T	U	J
N	M	A	M	Q	K	C	L	Q	F	I	X	C	B	Y	X	O	R	Ä	S	Z	U	E	C	O
G	A	U	Ä	Ä	O	Ä	Ä	O	K	L	M	N	F	V	U	C	H	M	T	N	K	H	Q	I
R	S	D	R	V	S	S	N	V	Z	F	E	X	E	Ö	S	V	G	T	Ö	Q	L	R	Ö	X
V	P	X	D	B	T	G	N	F	D	K	L	H	Å	Å	X	P	B	Ö	V	H	S	O	Q	Ö
Ö	R	G	N	V	Y	G	I	H	R	S	L	U	X	X	G	I	L	K	E	S	F	R	C	Y
O	O	B	U	V	M	T	N	Q	O	H	Z	M	M	Ö	S	S	A	Å	L	M	Ä	S	Ä	T
D	E	R	E	A	O	X	G	Ö	C	Å	D	B	Å	N	B	L	U	S	F	D	G	M	E	R

Avsnitt 8

8:1
1. fina segelbåt
2. litet tält
3. kalla vattnet
4. underbar dag
5. goda korvar
6. goda potatissalladen
7. gamla gitarr
8. blåa havet
9. fantastisk kväll
10. ljusa sommarnatten

8:2
1. hemma
2. hem
3. där
4. dit
5. bort
6. borta
7. upp
8. uppe
9. framme

10. fram
11. hit
12. här
13. borta
14. bort
15. ut
16. ute

8:4
1. tycker
2. tror
3. tror/tycker
4. tycker
5. tror

8:5
1. breda
2. små
3. färska
4. nya ... långsam
5. ljusa
6. stora
7. breda
8. blått
9. lilla
10. glad
11. mörkt
12. nya ... röd
13. röda
14. kort
15. obekväma

8:6
1. träffades
2. pussades
3. kramas
4. skiljs
5. setts
6. hörs

8:7
1. C
2. D
3. A
4. B

8:8
1. på
2. med
3. för

4. över
5. mellan
6. åt

8:10
1. gjorde
2. haft
3. heter
4. hann
5. höll
6. kom
7. kunde
8. ler
9. låg
10. ljuger

8:11
1. anser
2. De flesta
3. humör
4. brygga
5. fjällen
6. besöka
7. skiljas åt
8. somna
9. intresserad
10. fira
11. utomlands
12. platser
13. typiskt
14. färskt
15. dyrt

8:12
Vågrätt:
1. utomlands
6. färsk
7. tusentals
9. intressant
11. resa

Lodrätt:
2. majoriteten
3. skärgård
4. antar
5. midsommar
8. vandra
10. slott

Avsnitt 9
9:1
1. den fjortonde februari
2. den trettionde april
3. den artonde september
4. den tjugosjunde november
5. den sjätte augusti

9:2
A nummer 3
B nummer 1

9:3
1. inne
2. ute
3. ut
4. hem
5. dit
6. hemma
7. Där
8. dit
9. ut
10. ute
11. hem

9:5
1. trevlig bilsemester
2. långa vandring
3. vackra naturen
4. svenska maten
5. roliga danserna, fina bilder
6. intressanta, gamla slott
7. billigt hotellrum
8. roliga presenter
9. litet, billigt hotell
10. små kaféer

9:6
1. från
2. över
3. av
4. till
5. med
6. för
7. till
8. om
9. efter
10. med

9:7

1. men
2. eller
3. för
4. så
5. men

9:8

Till exempel:

1. vandrade Jonas och Daniel ungefär tio mil.
2. gick de till Nikkaloukta.
3. tar de tåget till Stockholm.
4. går de till vandrarhemmet.
5. träffar de Petra.
6. går de på konsert.
7. promenerar de till Kungsan.
8. träffar de några studenter.

9:9

Till exempel:

1. Hur länge har du läst svenska?
2. När ska du åka till Finland?
3. När flyttade han till Lund?
4. Hur länge stannar de i Göteborg?
5. Hur länge bodde du i London?
6. När åker du hem?
7. När var du på konsert?
8. Hur länge ska du läsa svenska?

9:10

1. om
2. i
3. i
4. för
5. om
6. i
7. i
8. på

9:11

1. lät
2. lagt
3. nös/nyste
4. red
5. rann
6. ser
7. satt
8. sjunga
9. skilde
10. sken

9:12

1. vandring
2. torr
3. tung
4. konstigt
5. roman
6. tyst
7. byter
8. vuxen
9. lifta
10. verkar
11. beställa
12. trivs
13. skojar
14. gånger
15. snygga

Avsnitt 10

10:1

A.

1. större/mindre
2. ledsnare/gladare
3. längre/kortare
4. tjockare/smalare
5. tjockare
6. bredare/smalare
7. bättre/sämre
8. varmare
9. mjukare
10. billigare
11. godare
12. sötare
13. yngre/äldre
14. hungrigare/mättare
15. starkare/svagare

B.

1. störst/minst
2. ledsnast/gladast
3. längst/kortast
4. tjockast/smalast
5. tjockast
6. bredast/smalast
7. bäst/sämst
8. varmast/kallast
9. mjukast
10. billigast
11. godast
12. sötast
13. yngst/äldst
14. hungrigast/mättast
15. starkast/svagast

10:2

1. men
2. och
3. för
4. så
5. för
6. så
7. för
8. och
9. så
10. för

10:3

1. F
2. R
3. F
4. R
5. R
6. F
7. R
8. F
9. F
10. R

10:4

1. blått
2. blått ... gula
3. blåa
4. randigt
5. mjuka, sköna
6. svarta ... vita
7. stort, svart ... vitt

10:5

1. d. möbelvaruhus
2. f. sommarjobb
3. h. huvudstad
4. a. segelfartyg
5. c. turistbyrå
6. g. lösenord
7. e. väderprognos
8. b. ryggsäck

10:6

1. lägre
2. mjukare
3. ljusare

4. mysigare
5. större
6. äldre
7. snyggare
8. mindre

10:7
1. om
2. på
3. hos
4. i
5. med
6. av
7. på
8. i
9. på
10. till

10:8
1. sig
2. dig
3. sig
4. er
5. sig
6. sig
7. oss
8. sig
9. mig
10. sig
11. dig
12. oss
13. sig
14. oss
15. sig

10:10
1. nionde
2. sjätte
3. andra
4. tredje
5. fjärde

10:11
1. skrivit
2. skära
3. slippa
4. slog
5. snutit
6. sovit
7. sprang

8. stack
9. stigit
10. stulit

Avsnitt 11
11:1
1. när/eftersom
2. medan/när
3. därför att/eftersom
4. för att
5. Eftersom
6. som
7. att
8. tills
9. innan
10. trots att

11:2
1. på
2. för
3. hos
4. på
5. med
6. till
7. med
8. på
9. till
10. i

11:4
1. äldre
2. dyrare
3. intressantare
4. bättre
5. godare
6. hungrigare
7. vackrare
8. sjukare
9. mindre
10. mer intresserad

11:5
1. sämsta
2. snyggast
3. mest kända
4. oroligast
5. konstigaste
6. högsta
7. äldst

8. bästa
9. yngst
10. mest spännande

11:6
A.
1. b
2. a
3. d
4. d
5. c
6. b

11:7
1. Gunilla tänker aldrig gifta sig fastän hon gärna vill ha barn.
2. Torbjörn köpte lägenheten trots att den var dyr.
3. Kunden ville byta jackan eftersom den inte passade.
4. Daniel sms:ade till Åsa varje dag när han var på semester.
5. Peter sjunger alltid medan han duschar.
6. Fredrik måste ta av sig skjortan för att doktorn ska kunna lyssna på lungorna.
7. Sabina och Tomas ska bo ihop innan de gifter sig.
8. Katarina brukar inte gå till doktorn när hon bara är förkyld.
9. Det är mysigast om möblerna inte är för nya och moderna.
10. Tar de alltid en lång promenad innan de ska äta söndags-middag?

11:8
1. stod
2. svider
3. svälja
4. sagt
5. sålt
6. satte
7. tog
8. varit
9. visste
10. ville

11:9
Vågrätt:
5. efterrätt
6. lingon
7. flaska
8. duka
9. glas

Lodrätt:
1. centrum
2. särskilt
3. älska
4. ungefär
10. skatt

Avsnitt 12
12:1
1. Brukar de *ofta* äta söndags-
   middag tillsammans?
2. Efter maten dricker de *alltid*
   kaffe.
3. Boken var *tyvärr* slut i bok-
   handeln.
4. Pontus sa att han *också* ville bli
   polis när han var barn.
5. Kommer hon *aldrig* i tid?
6. Frida ska *kanske* läsa fysik nästa
   termin.
7. När de *inte* tittar på tv spelar de
   dataspel.
8. Doktorn sa att Margareta *bara*
   var förkyld.
9. I morgon blir det *nog* bättre
   väder.
10. Astrid kunde inte följa med till
    Norrland eftersom hon *inte* hade
    semester.

12:2
1. toppen
2. väldigt bra
3. ganska bra
4. så där
5. hemsk
6. botten

12:4
1. som
2. men
3. När
4. innan
5. för
6. om
7. tills
8. för att
9. så
10. trots att

12:5
1. Elin har tagit en tablett så
   huvudvärken går nog snart över.
2. Erik hjälper aldrig till med disk-
   en men han spelar gärna schack
   med Daniel.
3. Selma gick inte på kemikursen
   i dag för hon kände sig inte
   riktigt frisk.
4. Joel gillar inte att skriva
   uppsats för han kan inte stava
   så bra.
5. Freja ringer ofta till sin mamma
   för att hon inte ska vara orolig.
6. Om du möter en björn ska du
   inte skrika eller springa.
7. Barnen åt inte skollunchen trots
   att den faktiskt var god.
8. Daniels foton blir inte så bra
   därför att han alltid försöker
   fotografera lite artistiskt.
9. Amanda går nästan aldrig på
   fotbollsmatch fastän hon verk-
   ligen är intresserad av fotboll.
10. August har inte så mycket peng-
    ar eftersom han bara har studie-
    medel.

12:6
1. av
2. in
3. om
4. upp
5. upp
6. med
7. fram
8. i
9. av
10. om

12:7
Du kan till exempel börja så här:
1. Har du ...?
2. Tycker du om ...?
3. Bor du .../ Cyklar du ...?
4. Hur länge ...?
5. Har du varit i ...?
6. Hur ofta ...?
7. När ...?
8. Vill du ha ...?
9. Vet du ...?
10. Får jag ...?

12:9
1. vann
2. välja
3. vänja
4. vuxit/växt
5. åt

Facit till lärobokens uppgifter

s. 14

A. Vad är klockan?

a) 1

b) 4

c) 3

d) 2

s. 16

Skriv svar på frågorna!

1. Han är 24 år.
2. Han bor i Lund.
3. Han är född i Stockholm.
4. När han var 20 år.
5. Han studerar (på universitetet).
6. Han läser kemi.
7. Han ska åka till Göteborg (på semester)

s. 17

Komplettera, skriv och intervjua!

1. Vad heter hon?
2. Hur gammal är hon?
3. Varifrån är hon /kommer hon?
4. Var bor hon?
5. Vad gör hon?
6. När arbetar hon?
7. Hur kommer hon till arbetet?
8. Vad har hon för telefonnummer?
9. Vad talar hon för språk?

s. 19

Var kommer de ifrån?

Förnamn	Stad	Landskap
1. Lars	Växjö	Småland
2. Gunnar	Åre	Jämtland
3. Kerstin	Karlskrona	Blekinge
4. Karin	Uppsala	Uppland
5. Olof	Abisko	Lappland
6. Kjell	Karlstad	Värmland
7. Birgitta	Malmö	Skåne
8. Helena	Mora	Dalarna

s. 24

Svara på frågorna!

1. För han ska åka på semester (på fredag).
2. Han ska åka till Göteborg.
3. Han ska äta middag med Åsa.
4. De ser en film på tv.
5. Från Abisko.
6. För det är kanske kallt i Abisko.
7. Han skriver en lista.

s. 27

Fem telefonsamtal

Samtal 1:

1. 12 32 56
2. I morgon kväll.
3. Klockan åtta.

Samtal 2:

1. 82 57 46
2. Martin
3. De ska leka.

Samtal 3:

1. Pelle
2. En stor kopp kaffe.
3. 27 kronor

Samtal 4:

1. Storgatan 17 E
2. Han ringer till taxi.
3. Om 10 minuter.

Samtal 5:

1. Axel Lind
2. 33 47 91
3. Maria Andersson

s. 28

Skriv frågor till svaren!

1. Var bor Daniel/han?
2. Vad köpte han i går?
3. Vart ska Daniel/han åka?
4. Bor han i ett studentrum?
5. Vad har Daniel/han skrivit?
6. Vad gjorde han i går?
7. Var sitter Daniel/han?
8. Vad tänker Daniel/han göra sedan/när han är färdig med listan?

s. 33

Komplettera meningarna!

1. syster
2. son
3. svärson
4. svåger
5. farfar
6. barnbarn
7. morbror
8. svärmor

s. 36

Vad ska de göra?

1. Gå på bio.
   Halv åtta.
2. Dricka kaffe.
   På eftermiddagen.
3. Börja arbeta.
   Kvart i ett.
4. Tvätta.
   På förmiddagen.
5. Se en film på tv.
   Halv nio.
6. Åka tåg.
   Fem över halv fem.
7. Gå till tandläkaren.
   På morgonen.

s. 43

Svara på frågorna!

1. Den står i hörnet till höger om fönstren.
2. Den ligger framför soffan (under soffbordet).
3. Det hänger på väggen till vänster om fönstren.
4. Det står på mattan.
5. Den står mitt på golvet.
6. Den hänger i taket.
7. Det står mellan sängen och skrivbordet.
8. De står i bokhyllan.

s. 47

Fem rum

A nummer 4

B nummer 1

C nummer 3
D nummer 2
5.
1. En tv 2. en matta 3. en (hög) fåtölj 4. en lampa 5. några (stora) tavlor.

s. 51
Berätta och skriv!
B. lägg, hacka, gör, skala, koka, var, blanda, tro, glöm, ha, laga, ställ, stek, älska, plocka, duka

s. 55
Daniels fotoalbum
B. 1. Han visar sitt fotoalbum.
2. Daniel och hans syster.
3. På hennes examensdag, i köket och på zoo.
4. Han har fått ett pris för sina rosor.
5. Hon badade sin katt.
6. Hon är lik sina hundar.
7. Han är deras reskompis.
8. Mamma och pappa och deras barnbarn.

s. 59
Att beställa mat och dryck på restaurang kafé och pub
1. a
2. c
3. c
4. c
5. b
6. c

s. 60
Ordna meningarna!
3 a
6 b
8 c
2 d
9 e
1 f
5 g
4 h
7 i
10 j

s. 62
Skriv och fråga!
(Skriv till exempel så här)
1. Kan du cykla?
2. Var hon på bio i går?
3. Ja, det vill vi.
4. Bodde de i Rom för två år sedan?
5. Ja, det har jag.
6. Är bilen blå?
7. Nej, det ska han inte.
8. Studerar han inte kemi?

s. 68
Att köpa billigt och dyrt
1. en bil, 250 000 kronor
2. en biobiljett, 100 kronor
3. en liter mjölk, ½ kilo kaffe, en bit ost, 99,50 kronor
4. en tjock, blå (vinter-) kappa, 1 198 kronor
5. en bukett röda rosor, 150 kronor
6. ½ kg (gröna) äpplen, en (stor) blombukett (i olika röda färger), 44,50 kronor
7. en flaska rödvin, 75 kronor
8. godis, en veckotidning, chips, 95 kronor

s. 71
Markera rätt eller fel!
1. Fel
2. Rätt
3. Fel
4. Rätt
5. Rätt
6. Rätt
7. Fel
8. Rätt

s. 81
Fem samtal om kläder
Kalle: vit T-shirt, mönstrade strumpor, shorts, sportskor
Åsa: kort blå kjol, vit skjorta, blå skor, väska
Erik: randig skjorta, blommig slips, sandaler, röd jacka, jeans, randiga strumpor

Kerstin: gul klänning, vita skor, tunn, rutig kavaj, röd hatt med vit blomma
Oscar: rutiga byxor, vit tenniströja, mörka skor, sportmössa

s. 86
Svara på frågorna!
1. De köper färska räkor, sitter på bryggan och tittar på folk medan de äter räkorna.
2. Därför att de har haft en trevlig helg.
3. De pussas och kramas.
4. De ska vandra i fjällen.
5. Den/Resan tar 24 timmar.
6. På eftermiddagen.
7. På vandrarhem.
8. Lyssnar på väderprognosen och studerar kartan.
9. Cirka 10 mil.
10. De ska gå/vandra långt (och kanske får skoskav)

s. 89
Semesterplaner
1. Olle: Till London, i morgon om en vecka, flyga
2. Karin: Hon ska åka till Spanien, en vecka, sola och ha det skönt
3. Bengt-Åke: Han ska åka till Stockholm, tåg, ett par dagar
4. Magnus: I morgon, till Öland och Blekinge, med (bil och) husvagn

s. 92
Markera rätt eller fel!
1. Fel
2. Rätt
3. Fel
4. Fel
5. Fel
6. Rätt
7. Rätt

s. 97
Markera rätt eller fel!
1. Rätt
2. Fel
3. Fel
4. Rätt
5. Fel
6. Fel
7. Fel
8. Fel
9. Fel
10. Rätt

s. 100
Hur är det i Sverige? 1
1. f
2. b
3. i/k
4. d
5. a
6. e
7. i/k
8. g
9. h
10. c

s. 102
Jonas mejl till Pelle
1. Fel
2. Rätt
3. Fel
4. Rätt
5. Rätt
6. Fel
7. Rätt
8. Fel
9. Rätt
10. Rätt

s. 102
Vilket ord passar bäst?
1. alla
2. nästan ingen/inga
3. nästan alla
4. de flesta
5. ingen/inga
6. nästan inga

s. 112
Gissa yrket!
1. polis
2. sjuksköterska
3. lärare
4. kock
5. tandläkare
6. ekonom
7. frisör
8. mäklare

s. 113
Aj, vad det gör ont!
1. Rasmus, ont i foten
2. Anders, ont i fingret
3. Erik, ont i tanden
4. Martin, ont i huvudet (och i halsen)
5. Elias, ont i magen
6. Albert, ont i örat

s. 115
C. Placera rätterna under rätt rubrik!
Förrätt: soppa, hummer, gravad lax
Varmrätt: köttbullar, fiskgratäng, grillad kyckling, biff
Efterrätt: fruktsallad, chokladpudding, ostar, tårta

s. 118
Vad säger man?
Exempel på vad du kan säga:
1. Kan jag få/Skulle jag kunna få en kopp kaffe till?
2. Öppna fönstret, är du snäll!/Kan du öppna fönstret!
3. Kan du prata lite långsammare?/Var snäll och prata lite långsammare!
4. Hjälp mig!/Var snäll och hjälp mig!

s. 120
Markera rätt eller fel!
1. Rätt
2. Fel
3. Fel
4. Rätt
5. Rätt
6. Rätt
7. Fel
8. Fel

s.123
Fritidsintressen
1. Åsa: simmar varje vecka, joggar ibland, red ganska mycket när hon var yngre, vill gå på en kurs och lära sig laga mat
2. Margrete: går på pensionärsgymnastik en gång i veckan, spelar bridge ibland, spelade tennis när hon var yngre
3. Erik: fiskar, vill börja spela golf,
4. Jonas: spelar ishockey, åker skidor men inte så bra, vill lära sig det, joggar, går på gym ett par gånger i veckan, spelar gitarr
5. Gunnar: cyklar till jobbet, går på en matlagningskurs för herrar, skulle vilja köpa en motorcykel
6. Britta: går på gympa, gillar att läsa böcker, är med i en bokklubb, promenerar i skogen, tycker om att dansa

s. 136
Sommarjobb
1. Har haft sommarjobb mer än två år: Arvid, Joakim,
2. Ska jobba fyra veckor eller mer: Arvid, Jenny, Anneli
3. Trivs bra på jobbet: Arvid, Joakim, Anneli
4. Tjänar ganska mycket: Arvid, Anneli
5. Tänker köpa kläder: Jenny, Joakim

Bildkällor

Ballingslöv AB, www.ballingslov.se *44*
Annika Helander, Mai Parada *13, 14*